Operación
Jaque
La verdadera historia

JUAN CARLOS TORRES

Operación Jaque

LA VERDADERA HISTORIA

Prólogo de Juan Manuel Santos
Ministro de Defensa Nacional

Planeta

Foto contracubierta: archivo *El Tiempo*
Fotos interiores: cortesía del Ministerio de Defensa
Mapa: Viviana Torres

Primera edición: diciembre de 2008

ISBN 13: 978-958-42-2018-9
ISBN 10: 958-42-2018-7

Impreso por: Quebecor World Bogotá S. A.

A los héroes y los mártires de la libertad.

A quienes trabajan cada día,
arriesgándolo todo,
con pasmoso coraje,
por la libertad de los secuestrados.

A quienes soportaron,
con dignidad y sin rendirse,
las infames cadenas del secuestro.

A quienes están todavía muriendo en vida,
aferrados a la esperanza,
aguardando la hora de su libertad,
en las selvas de Colombia.

"El arte de la guerra se basa en el engaño".

SUN TZU

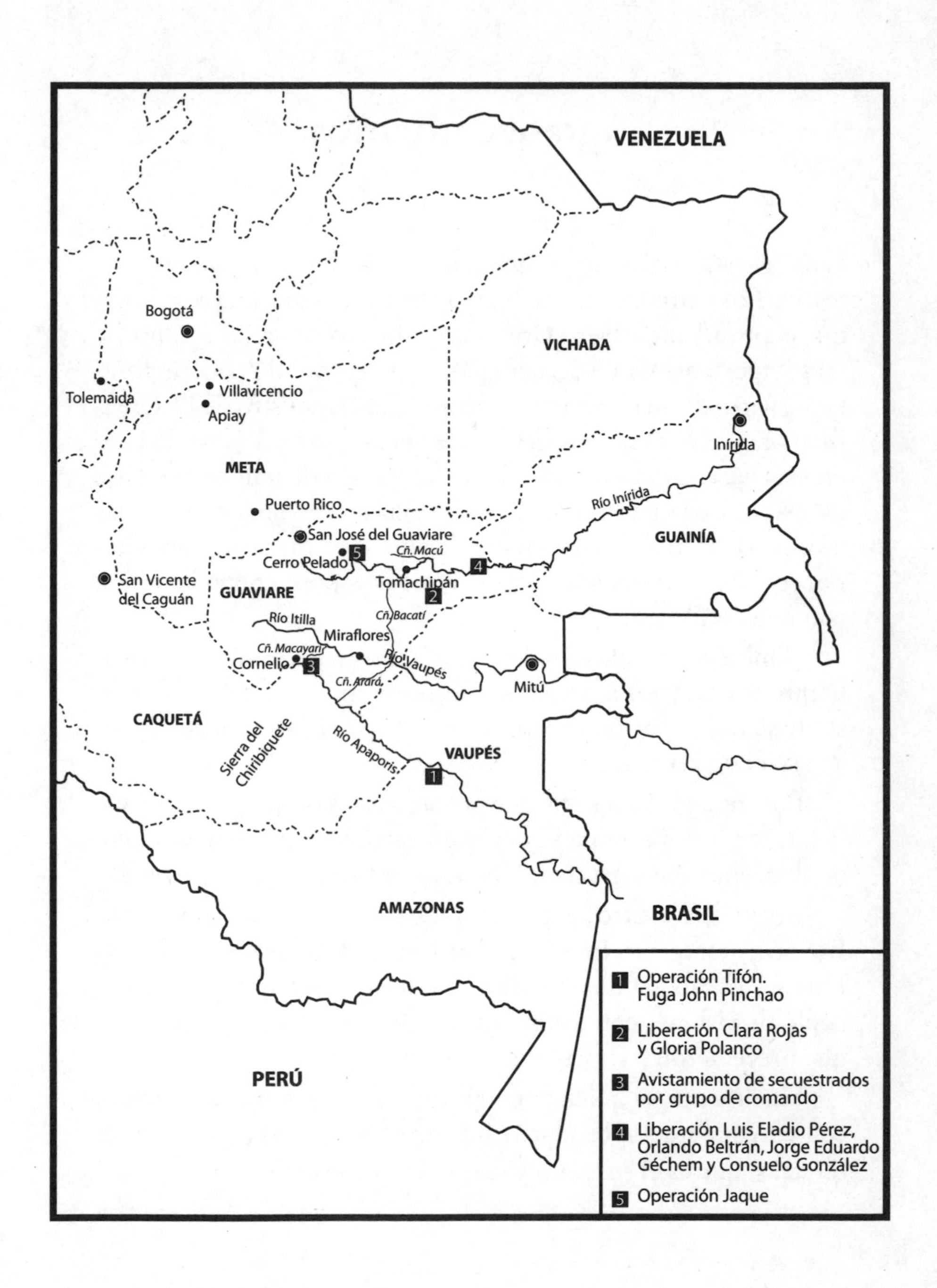
VENEZUELA
VICHADA
Bogotá
Tolemaida
Villavicencio
Apiay
Inírida
META
Puerto Rico
Río Inírida
San José del Guaviare
GUAINÍA
Cñ. Macú
Cerro Pelado
Tomachipán
San Vicente del Caguán
GUAVIARE
Cñ. Bacatí
Río Itilla
Miraflores
Cñ. Macayarí
Cornelio
Río Vaupés
Mitú
Cñ. Arará
CAQUETÁ
Sierra del Chiribiquete
Río Apaporis
VAUPÉS
AMAZONAS
BRASIL
PERÚ
1 Operación Tifón. Fuga John Pinchao
2 Liberación Clara Rojas y Gloria Polanco
3 Avistamiento de secuestrados por grupo de comando
4 Liberación Luis Eladio Pérez, Orlando Beltrán, Jorge Eduardo Géchem y Consuelo González
5 Operación Jaque

Agradecimientos

La responsabilidad de documentar para la historia los antecedentes, hechos y circunstancias de la Operación Jaque, una operación que el presidente Álvaro Uribe ha calificado con razón como "la más importante de cualquier ejército en el mundo contemporáneo", nació de una invitación que me hizo el ministro de Defensa, Juan Manuel Santos, convencido de que no podía dejarse sin contar esta hazaña que culminó con la liberación de quince personas de manos de la guerrilla de las FARC, en un rescate en el que las únicas armas fueron el ingenio y el valor. A él, mi agradecimiento por su voto de confianza, que espero corresponder con la pasión con que escribí esta crónica.

También a los altos mandos militares que permitieron a sus hombres y mujeres entregar sus testimonios, verbales o escritos, sobre su participación en este evento, con los cuales construí paso a paso el presente relato.

Por supuesto, a los mismos protagonistas de la operación que dedicaron horas a contar su experiencia, transmitiendo con autenticidad, emoción y gracia lo que vivieron en esos días intensos.

Además, a cuatro de los liberados —el capitán Juan Carlos Bermeo, el sargento José Ricardo Marulanda, el sargento Amaón Flórez y el cabo William Pérez—, que completaron el caleidoscopio de visiones con testimonios sobre su secuestro y las horas que precedieron a su rescate.

Finalmente, a quienes colaboraron de manera anónima y con entusiasmo a recaudar la información, precisa y de fuentes directas, que es el sustento y carne de este libro.

El autor

PRÓLOGO

Pensar lo impensable

POR JUAN MANUEL SANTOS,
MINISTRO DE DEFENSA NACIONAL DE COLOMBIA

Hay historias que merecen ser contadas. Por su argumento. Por los valores que representan. Por su moraleja. Porque no podríamos vivir tranquilos ante el reclamo silencioso de la historia, que nos demandaría su conocimiento.

La Operación Jaque, definitivamente, es una de ellas.

La hazaña alcanzada por un grupo de hombres y mujeres del Ejército Nacional de Colombia, que incursionaron el 2 de julio de 2008 en un territorio plagado de guerrilleros armados para salvar a quince personas de un cautiverio inhumano, exponiéndose al secuestro o a la muerte, es digna de contarse hoy y siempre.

Si alguna vez he entendido la palabra prójimo ha sido gracias a la acción de estos valientes que supieron vencer, con audacia e inteligencia, a un enemigo porfiado y sin escrúpulos, para librar a otros seres humanos de una situación degradante e insostenible.

Como se relata en algún aparte de este libro, desde mi llegada al Ministerio de Defensa para coordinar la consolidación de la Política de Seguridad Democrática del presidente Álvaro Uribe, en julio de 2006, me empeñé en ampliar y modernizar, no sólo el pie de fuerza y los equipos de armamento y transporte, sino también la inteligencia de nuestras Fuerzas Armadas. Esa es el arma preferida de los estrategas, porque con ella se logra, sin derramar una gota de sangre, lo que de otra manera costaría penosas batallas. Recordando una frase que le escuché alguna vez a Alfonso Palacio Rudas, el Cofrade, les decía siempre a los generales, refiriéndome a la importancia de la inteligencia, que había que "pensar lo impensable".

No me imaginaba yo que esas palabras se fueran a llevar a la práctica en forma tan literal. Porque lo que hicieron los miembros de la inteligencia técnica del Ejército, al diseñar y llevar a cabo el más impecable engaño electrónico, fue precisamente eso: pensar lo impensable.

Gracias a su profesionalismo, creatividad y esfuerzo; gracias al coraje de quienes fueron capaces de arriesgarlo todo para salvarlo todo; gracias al liderazgo e inspiración que representa el presidente Álvaro Uribe para la fuerza pública y los colombianos; gracias al compromiso de unos comandantes que, como el general Freddy Padilla de León y el general Mario Montoya, se enfundaron de nuevo su camiseta de lanceros y trabajaron hombro a hombro con los héroes de esta operación, Colombia respiró, en la tarde del 2 de julio, un aire nuevo de esperanza, de alegría, de fe en el futuro.

El libro que hoy tiene entre las manos es el mejor homenaje a unas Fuerzas Armadas que representan los más altos valores de los colombianos. En él se sienten, se viven y se sufren las emociones de esos héroes que todos los días exponen su vida para proteger la nuestra.

Celebro que esto se cuente a pocos meses de haber acontecido, y celebro que lo haya hecho Juan Carlos Torres, un escritor e investigador que, al igual que los hombres de la inteligencia militar, ha trabajado en silencio por muchos años, sin buscar más reconocimiento que la calidad, de cuyo talento he tenido la suerte de ser testigo. Sus conocimientos sobre la historia reciente del país, unidos a su capacidad analítica y a sus dotes de narrador, hacen que el lector viva minuto a minuto, al lado de sus protagonistas, este suceso emocionante que no sólo cambió la vida de quince secuestrados, sino la de toda una nación.

La Operación Jaque es la punta del *iceberg* de los constantes golpes que han asestado las Fuerzas Armadas al grupo terrorista de las FARC en los últimos años, hasta el punto de tenerlo hoy en el peor momento de su historia. La muerte de tres miembros de su secretariado; la baja o captura de sus principales cabecillas estratégicos; la desmovilización de un promedio de diez guerrilleros por día, que abandonan la infamia de una organización capaz de mantener secuestradas por años a tantas personas inocentes, son factores que han debilitado a este grupo, cuyos actos son repudiados tanto en Colombia como en el mundo entero.

Las FARC han vivido en los últimos meses su *Annus horribilis*, su momento más crítico, aquel que las debe conducir a su desmovilización y a entrar en un proceso de paz sin cartas marcadas, antes de que su deshumanización las consuma por dentro. Esos golpes que precedieron y sustentaron el éxito de la Operación Jaque son también una historia que vale la pena contar. Y que seguramente se contará.

Ojalá este libro, parte de cuyas utilidades irán a la Corporación General Gustavo Matamoros D'Costa, que trabaja por la recuperación y el bienestar de los miembros de la fuerza pública heridos en combate y de sus familias, y por las viudas y huérfanos de los que ofrendaron su vida por la patria, sirva para crear conciencia de que la lucha armada, soportada en crímenes como el secuestro y el narcotráfico, no tiene razón de ser en una democracia viva y operante como la colombiana.

Invito al lector a que se sumerja en las páginas de esta historia real y apasionante, una epopeya de libertad.

PRIMERA PARTE

ANTECEDENTES

CAPÍTULO I

"¡Tengo una coordenada de los secuestrados!"

BOGOTÁ, DOMINGO 29 DE ABRIL DE 2007
(UN AÑO, DOS MESES Y TRES DÍAS ANTES DE LA OPERACIÓN JAQUE)

El mayor Gonzalo Dávila[1], comandante de la sección de analistas de la jefatura de inteligencia técnica del Ejército de Colombia, estaba disfrutando del descanso dominical cuando la llamada de uno de los criptoanalistas de su oficina, que trabajaba en la interceptación y desciframiento de comunicaciones de la guerrilla, le trajo una noticia que había esperado desde hacía varios años:

—Mi mayor, usted no me lo va a creer pero tengo una coordenada de los secuestrados.

El oficial quedó de una pieza. Desde el año 2004, cuando participó en una operación del Comando de Operaciones Especiales del Ejército, en la que estuvieron cerca de ubicar con precisión a los políticos colombianos, los tres contratistas estadounidenses

1. Nombre ficticio para proteger la identidad del oficial de inteligencia.

y las decenas de militares y policías que las Fuerzas Armadas Revolucionarias de Colombia (FARC) mantenían secuestrados en las selvas del suroriente del país, la suerte de los rehenes se había convertido en su obsesión.

En dicha ocasión alcanzaron a determinar el área general donde alias Martín Sombra[2] mantenía a los rehenes, un lugar al que denominaban Campamento Caribe por su ubicación sobre el caño Caribe, en proximidades del río Itilla, en el departamento del Guaviare.

Allí, en una especie de campo de concentración, estaban la mayoría de los militares y policías capturados en distintas acciones ofensivas realizadas por las FARC en 1997 y 1998, al igual que el exgobernador del Meta Alan Jara y los excongresistas Luis Eladio Pérez, Gloria Polanco de Lozada, Orlando Beltrán, Consuelo González de Perdomo y Jorge Eduardo Géchem, secuestrados entre el 2001 y el 2002. También estaban la excandidata presidencial Íngrid Betancourt y su fórmula de campaña Clara Rojas, secuestradas en febrero de 2002, y tres asesores estadounidenses —Thomas Howes, Keith Stansell y Marc Gonsalves—, retenidos en febrero de 2003 cuando su avioneta se accidentó en una zona despoblada del Caquetá.

En el Campamento Caribe, encadenados, los oficiales y suboficiales secuestrados estaban separados de los políticos y los estadounidenses por unas divisiones de alambres y tablas, sin que pudieran tener mayor contacto los unos con los otros. Sólo Alan Jara permaneció en el lado de los uniformados.

Una vez detectada la zona general de ubicación por la inteligencia del Ejército, comenzó una operación para rodearla. Aviones con plataformas de inteligencia y flotillas de helicópteros artillados sobrevolaron muchas veces el campamento,

---

2. A Martín Sombra lo capturó la Policía el 25 de febrero de 2008 y hoy está preso.

perfectamente camuflado en la tupida vegetación, para zozobra de guerrilleros y secuestrados.

Las Fuerzas Militares obraron con extremo cuidado para evitar que se repitiera un descalabro como el ocurrido el 5 de mayo de 2003, cuando una operación de rescate del gobernador de Antioquia Guillermo Gaviria, el exministro de Defensa Gilberto Echeverry y once militares secuestrados por las FARC acabó en tragedia.

Aquella vez, luego de que la inteligencia militar detectó el campamento guerrillero, un equipo conjunto de las Fuerzas Militares llegó al lugar donde se hallaban los secuestrados, en la zona rural del municipio de Urrao, en Antioquia, al noroeste del país. Después de descender de los helicópteros, y de un recorrido a pie de más de media hora, los soldados encontraron un panorama desolador: Gaviria, Echeverry y siete militares estaban muertos en su sitio de reclusión, acribillados por los guerrilleros. Otros tres secuestrados se encontraban heridos, de los cuales uno murió mientras lo transportaban a Urrao, y sólo uno, que se había hecho el muerto, estaba ileso.

Los sobrevivientes contaron que cuando el Paisa[3], líder de la cuadrilla de guerrilleros, escuchó el sonido cercano de los helicópteros, ordenó asesinar a los rehenes antes de emprender la huida. Se confirmó ese día, con el saldo terrible de diez víctimas mortales, que las FARC habían dado instrucciones a sus hombres de ultimar a los secuestrados antes que permitir un rescate.

La masacre de Urrao se convirtió, desde entonces, en referente obligado para cualquier nueva operación militar de ese tipo. Muchos familiares exigieron al gobierno que buscara una negociación con la guerrilla antes que intentar rescatar a sus seres queridos por vía militar, y se llegó a un punto muerto en el

---

3. El Paisa murió en un bombardeo de la Fuerza Aérea el 22 de septiembre de 2008.

que no bastaba con la difícil tarea de ubicar a los secuestrados en medio de la inmensa selva. Había que pensar también en la forma de liberarlos sin poner en riesgo sus vidas.

Por eso, en el 2004, el Comando de Operaciones Especiales del Ejército actuó con suma prudencia. No obstante, el movimiento militar sobre la zona del Campamento Caribe terminó por alarmar a las FARC. Fue entonces cuando la guerrilla decidió sacar a los cautivos de la custodia de Martín Sombra, separarlos en tres grupos y entregarlos a la responsabilidad de otros tantos frentes: en uno estarían Íngrid, Luis Eladio y ocho militares y policías; en otro, Clara Rojas y los demás políticos, y en el restante los tres contratistas estadounidenses, que luego serían reasignados al grupo donde estaba Íngrid.

La división de los secuestrados impidió que la operación militar culminara con éxito. No obstante, el Ejército alcanzó a enterarse de algunos detalles sobre la situación que vivían los rehenes en su cautiverio e incluso tuvo noticia de que Clara Rojas había dado a luz en abril de 2003. Tiempo después, el periodista Jorge Enrique Botero, en su libro *Últimas noticias de la guerra*, confirmó esta información.

Estos recuerdos se agolparon en la mente del mayor Dávila mientras conducía hacia la sección de análisis de la central de inteligencia técnica. Todo indicaba que, después de casi tres años de haberse frustrado la mejor oportunidad de contacto con los secuestrados, se abría de nuevo una luz de esperanza.

Al llegar a su oficina, el subalterno que lo había llamado le dio un completo reporte:

—Logramos captar una comunicación interna de las FARC dirigida al cabecilla del frente primero. Dice que el subintendente Pinchao, de la Policía, se les escapó, y da la coordenada del lugar de donde se fugó.

El mayor apenas daba crédito a lo que oía. Después de tanto tiempo, tenían de nuevo una coordenada de ubicación.

Y no era cualquiera, pues se sabía que entre los secuestrados a cargo del frente primero estaba Íngrid Betancourt.

Todavía impactado por la información se dirigió a la Jefatura de Operaciones Especiales Conjuntas y, ya entrada la noche, pudo informarle la novedad directamente al general Freddy Padilla de León, comandante general de las Fuerzas Militares, quien ordenó que se comenzara a planear una operación.

El general Padilla llamó a su vez al director general de la Policía Nacional, general Jorge Daniel Castro, y le comunicó que uno de sus hombres, el subintendente John Pinchao, había escapado a las cadenas de la guerrilla y huía por la selva siguiendo el curso del río Apaporis.

Se desplegaron fuerzas especiales del Ejército y comandos Jungla de la Policía para registrar la zona con dos objetivos fundamentales: encontrar a Pinchao antes de que la guerrilla lo recapturara y dar con el paradero de los demás secuestrados.

Después de una odisea de dieciocho días sobreviviendo en la selva, Pinchao llegó el 15 de mayo, desnutrido y exhausto, al municipio de Pacoa, en el departamento de Vaupés, donde encontró a un comando Jungla de la Policía. Al reconocerlo, sus compañeros le prestaron los primeros auxilios y lo trasladaron a Mitú, la capital del Vaupés, el mismo lugar en el que había sido secuestrado hacía más de ocho años; de allí lo condujeron a San José del Guaviare, y finalmente a Bogotá. En la capital lo recibieron como un héroe, primero el recién posesionado director de la Policía, general Óscar Naranjo, y luego, en la misma Casa de Nariño, el presidente de la república, Álvaro Uribe, y el ministro de Defensa, Juan Manuel Santos.

Un nuevo capítulo se abría en el horizonte de los secuestrados, que en ese mismo momento comenzaban otra marcha en medio de la selva sin saber que la audaz acción de Pinchao era el comienzo de su propio camino hacia la libertad.

CAPÍTULO II

Golpes estratégicos a las FARC

La información entregada por el subintendente Pinchao dio un nuevo rumbo a las tareas de inteligencia destinadas a encontrar a los secuestrados y buscar la mejor forma de liberarlos. Se continuó el trabajo de interceptación de las comunicaciones, en tanto las tropas obtuvieron importantes triunfos operacionales en medio de los laberintos de la jungla.

Colombia es un país de contrastes geográficos. Tiene costas sobre el mar Caribe y el océano Pacífico, e imponentes y largas cordilleras sobre las que se asientan modernas metrópolis del tamaño de Bogotá y Medellín. Pero tiene también una inmensa superficie de llanos y selvas, casi despoblada, que ocupa la mitad del territorio, donde la guerrilla se oculta en medio de una frondosa vegetación que, desde el aire, sólo puede describirse como un "tapete verde".

El frente primero de las FARC, que estaba comandado por alias César, operaba principalmente en el departamento del

Guaviare, que tiene una extensión de más de 55 mil kilómetros cuadrados —donde convergen dos grandes regiones, la Amazonia y la Orinoquia—, si bien incursiona en otros departamentos selváticos vecinos como el Vaupés, el Guainía y el Caquetá. La zona está surcada por incontables ríos, caños y cañadas, entre los que se destacan, de norte a sur, los ríos Inírida, Vaupés y Apaporis, que corren hacia Venezuela y el Brasil. No es de extrañar que, en medio de esta extensa maraña de ríos y jungla, el intento de localizar a los campamentos guerrilleros donde mantienen a los secuestrados sea como buscar una aguja en un pajar.

Pinchao se le escapó a este frente, que estaba a cargo también de Íngrid Betancourt, el excongresista Luis Eladio Pérez, los tres norteamericanos y otros once oficiales y suboficiales del Ejército y la Policía.

Otro frente del Bloque Oriental, el séptimo, bajo el mando de alias Gentil Duarte, que opera al noreste del río Inírida, en territorio del Guainía y la parte norte del Guaviare, tenía la responsabilidad de vigilar a otros secuestrados, entre ellos varios políticos.

Al otro lado del país, en el área del Pacífico, las FARC mantenían como rehenes a doce diputados de la Asamblea del Valle del Cauca que habían sido plagiados en Cali en abril de 2002, y al excongresista Óscar Tulio Lizcano, quien siempre estuvo solo, custodiado por una cuadrilla que opera en límites entre el Chocó y Risaralda[4].

Ellos eran los secuestrados a los que las FARC denominaban "canjeables" por el valor político de negociación que les adjudicaban para lograr sus objetivos. Además de éstos, subsistían en diversas regiones de Colombia otras decenas de rehenes

---

4. Gracias a la presión militar, Óscar Tulio Lizcano, con la ayuda de un guerrillero que lo custodiaba, se fugó en octubre de 2008 y, después de tres días de arduos recorridos, recuperó su libertad.

civiles, personas del común, por los que se pedían cuantiosos rescates, los "secuestrados económicos".

Después de la fuga de Pinchao se precipitaron otros hechos que inclinaron la balanza a favor de la fuerza pública y en contra de la guerrilla.

Desde el inicio del segundo período de gobierno del presidente Uribe, con la llegada de Juan Manuel Santos al Ministerio de Defensa, la Política de Seguridad Democrática promovida por el mandatario había pasado a una fase más eficaz y contundente, a la que el ministro llamó "consolidación". Santos, que había sido ministro de Comercio Exterior y ministro de Hacienda en anteriores administraciones, era conocido por sus capacidades como gerente y, como tal, se dedicó a ponerle gerencia a la seguridad. Reestructuró el ministerio a su cargo; mejoró la inteligencia; consiguió cuantiosos recursos para la modernización de equipos, el incremento de la movilidad y el aumento de pie de fuerza; comenzó una reforma educativa en la fuerza pública, y logró, sobre todo, que las instituciones armadas que componen las Fuerzas Militares y la Policía trabajaran coordinada y conjuntamente en el logro de los objetivos estratégicos.

Los resultados pronto empezaron a verse. El 6 de junio de 2007 fue dado de baja, en el Valle del Cauca, alias J. J., cabecilla del frente urbano Manuel Cepeda Vargas y autor del secuestro de los doce diputados.

El 18 del mismo mes, en una acción que generó la indignación nacional e internacional, la cuadrilla de las FARC que custodiaba a los diputados, al encontrarse con un grupo de la misma guerrilla, creyó estar ante una operación de rescate militar y asesinó a sangre fría a once de sus rehenes, dejando vivo a uno solo que se salvó por estar en ese momento apartado del grupo.

Después de muchos comunicados engañosos, con los que pretendían echarles la culpa a las Fuerzas Armadas colombianas, dictámenes periciales y correos internos de las FARC dejaron en claro que los diputados habían sido masacrados por sus propios secuestradores, sin que mediara ninguna operación de rescate. Los colombianos salieron a las calles el 5 de julio, con banderas y pañuelos blancos, a repudiar la barbarie de este grupo.

Resultaba patente, una vez más —como había ocurrido en Urrao—, que los guerrilleros preferían asesinar a sus rehenes antes que permitir un triunfo de la fuerza pública.

En julio, la Fuerza de Tarea Conjunta Omega —un grupo élite de operaciones donde confluyen el Ejército, la Armada y la Fuerza Aérea con un mando unificado— asestó contundentes golpes al Bloque Oriental, el cual, liderado por alias Mono Jojoy, miembro del secretariado de las FARC, aglutina a varios frentes de la zona oriental del país, incluyendo el frente primero. Murieron importantes cabecillas, como el Campesino, Diego Cristóbal y Hugo Sandoval, y resultó herido Carlos Antonio Lozada, uno de los integrantes del estado mayor central del grupo terrorista, quien dejó en su huida un computador con trascendental información sobre sus operaciones.

De nuevo la Fuerza Omega, el 2 de septiembre, causó una de las más sensibles bajas a las FARC hasta ese momento: la muerte en un bombardeo de alias Negro Acacio, cabecilla del frente 16 que opera en el departamento del Vichada, en los límites con el Brasil, conocido por ser el máximo responsable del negocio del narcotráfico de las FARC y de tráfico de armas en el oriente del país. Fue legendaria la colaboración de Acacio con el famoso capo brasileño Fernandinho, capturado por tropas colombianas en abril de 2001 y hoy preso en una cárcel de alta seguridad del Brasil.

También en la región caribe se produjeron resultados positivos. El 24 de octubre, alias Martín Caballero, cabecilla del frente 37, responsable del secuestro del exministro Fernando Araújo[5] y cerebro de un frustrado atentado contra el presidente Bill Clinton en Cartagena, quien había asolado por años a la región de los Montes de María, en los departamentos de Bolívar y Sucre, fue abatido en una acción conjunta de las Fuerzas Militares.

Día a día, con estas exitosas acciones ofensivas de la fuerza pública, se minaba la moral de las FARC, al tiempo que crecía la de los soldados y la del pueblo colombiano, que percibía una mejora sensible en su seguridad.

---

5. El exministro Fernando Araújo se fugó el 31 de diciembre de 2006, aprovechando la presión de una operación militar. Luego el presidente Uribe lo nombró ministro de Relaciones Exteriores, posición que ocupó por un año y cuatro meses.

CAPÍTULO III

Mediación internacional

El secuestro de Íngrid Betancourt ocurrió el sábado 23 de febrero de 2002, tan sólo tres días después de que el presidente Andrés Pastrana, ante los continuos atentados terroristas de las FARC, diera por terminado el proceso de paz con esta organización y decretara el fin de la zona de distensión en la que, por más de tres años, se había realizado el más grande esfuerzo de negociación con la guerrilla en la historia del país.

Íngrid, quien estaba en plena campaña para la presidencia, sin mayores opciones de triunfo pero con una propuesta fresca y valiente contra la corrupción, quiso ir a San Vicente del Caguán, eje de la zona de distensión, para acompañar y manifestar su solidaridad a los lugareños, que habían elegido como alcalde, meses atrás, a un militante de su movimiento político.

Pese a las diversas advertencias que le hicieron los organismos de seguridad presentes en Florencia, la capital del Caquetá, sobre el riesgo de viajar a la zona, Íngrid, junto con su jefa de campaña Clara Rojas, un conductor, un camarógrafo y un fotógrafo, decidió asumir el riesgo y emprendió camino por tierra hacia San Vicente, hasta que la guerrilla la interceptó. Las FARC devolvieron a los tres acompañantes y retuvieron a las dos mujeres. Íngrid, confiada en su posición política independiente, pensó que la liberarían pronto. No imaginaba que su calvario duraría más de seis años.

Sin duda, su trayectoria política y su carácter de candidata presidencial la hacían en extremo valiosa para sus captores. Pero a esto se sumaba una condición especial: Íngrid, además de ser colombiana, tenía también la nacionalidad francesa, y era muy apreciada en ese país. Su libro autobiográfico *La rabia en el corazón*, publicado primero en francés, en el que narró sus cruzadas contra la corrupción en el período del presidente Ernesto Samper —cuestionado por el ingreso de dineros del narcotráfico a su campaña política—, había tenido un éxito sin precedentes en el país galo, hasta el punto de que muchos la comparaban con una moderna Juana de Arco. No puede decirse lo mismo de su edición en Colombia, donde se recibió el libro con escepticismo y no corrió con mayor suerte.

La visibilidad del secuestro de Íngrid Betancourt, por tanto, era mucho mayor que la de los demás secuestrados, y despertó la solidaridad de mandatarios, organizaciones internacionales y gente del común en todo el planeta, particularmente en Francia. Una inmensa foto suya se instaló frente a la Alcaldía de París para recordar que una ciudadana francesa estaba en las selvas de Colombia sometida a la tortura del secuestro.

La lucha por la liberación de Íngrid la asumieron como una tarea personal y prioritaria el presidente Jacques Chirac, primero, y luego su sucesor, Nicolás Sarkozy. Esto lo valoraba mucho la guerrilla, que veía en Íngrid el mejor pretexto para mantener una figuración internacional y una interlocución con gobiernos extranjeros, lo que, a juicio de sus cabecillas, los acercaba a la meta de ser reconocidos como un grupo insurgente beligerante.

La beligerancia, sin embargo, estaba muy lejos de poder atribuirse a las FARC, pues se trata de una figura del derecho internacional que sólo se aplica a grupos armados que tengan completo dominio y control sobre un territorio considerable y que cumplan con las normas y principios del derecho internacional humanitario. Ninguna de estas condiciones las cumple la guerrilla colombiana.

Para el segundo semestre del 2007, después de la masacre de los diputados, la situación de los 45 secuestrados restantes, a los que las FARC denominaban "canjeables", era desesperada. Supuestamente, la guerrilla quería canjearlos a cambio de sus integrantes que estaban en las cárceles. Pero sus pretensiones iban mucho más allá: exigía, para hacerlo, el retiro de la fuerza pública de dos municipios, Pradera y Florida, en el Valle del Cauca, un área de ochocientos kilómetros cuadrados que constituye un corredor estratégico para su movilidad y el tráfico de estupefacientes. También reclamaba la liberación, no sólo de todos los guerrilleros en las prisiones colombianas, sino de Simón Trinidad y Sonia, cabecillas extraditados a Estados Unidos desde hacía varios años.

El presidente Uribe, como una muestra de buena voluntad, liberó unilateralmente a más de un centenar de guerrilleros, entre ellos Rodrigo Granda, conocido como el "canciller de las FARC", este último por expresa sugerencia del presidente Sarkozy. Aceptó también la propuesta de España, Suiza y Francia, y de la Iglesia católica, de establecer una zona de encuentro de unos 180 kilómetros cuadrados, con poca población, para negociar el llamado "acuerdo humanitario" con la guerrilla. Sin embargo, a las FARC, más que la libertad de sus presos, les interesaba el despeje de Pradera y Florida, un punto que el gobierno aún hoy considera innegociable.

Los familiares de los secuestrados, entre tanto, en medio de su angustia, pedían al gobierno colombiano que cediera al despeje de los dos municipios y anunciaban su rechazo a cualquier intento de rescate militar, temiendo que sus seres queridos corrieran la misma suerte que las víctimas de Urrao o que los once diputados.

Dos nuevos personajes adquirieron especial protagonismo a partir de agosto de 2007: la senadora liberal Piedad Córdoba y el presidente de Venezuela Hugo Chávez, por quien las FARC no han ocultado su simpatía y su identificación con su proyecto de revolución bolivariana.

La senadora Córdoba le pidió al presidente Chávez que intercediera ante la guerrilla en el tema del acuerdo humanitario y éste anunció su total disponibilidad para hacerlo, siempre que contara con el aval del presidente Uribe. Finalmente, el viernes 31 de agosto, en la hacienda presidencial Hatogrande, situada en la sabana de Bogotá, conversaron los dos mandatarios y se anunció que el colombiano autorizaba a su homólogo venezolano a que se reuniera con un emisario de las FARC en Caracas, con el propósito de facilitar un acuerdo humanitario que pusiera fin al drama de los secuestrados.

No obstante, la mediación de Chávez se volvió un asunto inmanejable para el gobierno colombiano. Si bien se llevó a cabo la reunión en Venezuela con Iván Márquez, del secretariado de las FARC, de quien se dice que con frecuencia se oculta en dicho país, y Rodrigo Granda, de ella no salió ningún cambio en las exigencias de la guerrilla. Por el contrario, surgió una nueva propuesta, que Uribe rechazó, para que el presidente venezolano se reuniera con alias Manuel Marulanda, máximo líder de las FARC, en algún lugar de las selvas colombianas. Además, Chávez comenzó una cruzada para involucrar a otros mandatarios latinoamericanos de izquierda en su labor de intermediación, como Cristina Kirchner, de Argentina; Rafael Correa, de Ecuador; Luiz Inácio Lula da Silva, de Brasil, y Evo Morales, de Bolivia.

El presidente Chávez, que siempre estaba acompañado en sus gestiones por Piedad Córdoba y por Yolanda Pulecio, la atribulada madre de Íngrid Betancourt, fue el 20 de noviembre hasta el Palacio del Elíseo, en París, a entrevistarse con el presidente Sarkozy. Pero la entrevista no salió a su gusto. No pudo llevarle al mandatario francés, como se había comprometido, pruebas de supervivencia de Íngrid, las cuales, según Chávez, le iba a hacer llegar el "comandante Manuel Marulanda".

En palabras de Sarkozy, esas pruebas eran "indispensables, tanto para estar tranquilos sobre la suerte de los rehenes, como para asegurarse de la sinceridad de las FARC en la búsqueda de una solución humanitaria".

El mandatario colombiano, contrariado por el cariz que había tomado la mediación de Chávez y de Piedad Córdoba, que parecían excederse en su papel de facilitadores neutrales, fijó el 31 de diciembre de 2007 como plazo máximo para que esta intervención produjera resultados concretos. No obstante, una llamada de Chávez al general Mario Montoya, comandante del Ejército colombiano, para indagar algunos datos sobre los secuestrados, fue la gota que rebosó la copa.

El presidente Uribe, en una reunión previa en Santiago de Chile, le había solicitado expresamente a Chávez no tener contactos directos con sus generales sin su autorización. Por eso, al ser enterado sobre la ocurrencia de la llamada por el mismo general Montoya, el 21 de noviembre decidió dar por terminada la mediación del mandatario venezolano, y la de la senadora Córdoba.

Pero no todo fue en vano. Las pruebas de supervivencia que Hugo Chávez había pedido a las FARC para llevar al presidente Sarkozy estaban en camino, y así lo descubrió la inteligencia militar de Colombia.

Tres milicianos de la guerrilla habían viajado desde el Guaviare hasta Bogotá para entregar las pruebas, consistentes en videos, fotos y cartas, a algún otro emisario que las haría llegar al presidente Chávez en Caracas. Posiblemente estos documentos, que estaban sin editar, iban a sufrir alguna clase de censura antes de darse a conocer. Sin embargo, la información de inteligencia y la acción rápida del Ejército en Bogotá culminaron con la captura de los milicianos y la incautación de las pruebas el 30 de noviembre, antes de que alcanzaran a manipularlas.

El presidente Chávez, que enfrentaba en sólo un par de días un difícil proceso electoral de referendo para autorizar una reforma constitucional que ampliaba sus poderes —elecciones que a la postre perdió—, necesitaba con urgencia recibir las pruebas para demostrar que seguía siendo relevante su papel como mediador de paz. Por eso reaccionó indignado cuando se enteró de que éstas habían sido interceptadas en Bogotá, salió en defensa de los milicianos que las llevaban —a quienes llamó simples mensajeros— y acusó a Uribe de poner "en peligro la vida de los secuestrados".

En las pruebas había fotos y videos de Íngrid Betancourt, Luis Eladio Pérez, los tres estadounidenses, y once oficiales y suboficiales del Ejército y la Policía, todos bajo custodia del frente primero de las FARC que comandaba alias César. Su revelación al público fue una verdadera bomba. Nadie esperaba ver a los secuestrados, y sobre todo a Íngrid, en una situación tan deplorable.

CAPÍTULO IV

Un ángel en la selva

SELVAS DEL GUAVIARE, MAYO A OCTUBRE DE 2007

"Se lo comió un güío[6]". Eso fue lo que los guerrilleros dijeron de Pinchao a los doce secuestrados que habían compartido cautiverio con él. Y así lo creyeron, porque la selva es implacable y nadie podría haber sobrevivido tantos días sin ayuda. Por eso, a mediados de mayo, cuando escucharon en las noticias de la radio que al subintendente lo habían encontrado con vida y estaba en Bogotá, los invadió una inmensa alegría. "¡Pincho!, ¡Pincho!", gritaban, mientras los guerrilleros, enfurecidos, les disparaban a los pies para hacerlos callar.

Las FARC decidieron dividirlos en dos grupos de seis y comenzar a moverse: uno conformado por Íngrid Betancourt, el teniente Raimundo Malagón, el sargento Amaón Flórez, el sargento José Ricardo Marulanda, el intendente Armando Castellanos y el cabo William Pérez. El otro, que se mantenía a unos quince kilómetros de distancia del primero, lo integraban

---

6. Nombre que dan en los llanos y la región amazónica de Colombia a las anacondas.

los tres norteamericanos, el exsenador Luis Eladio Pérez, el capitán Juan Carlos Bermeo y el cabo José Miguel Arteaga.

Alias Enrique Gafas, el segundo de César en el frente primero, era el directamente responsable de estos dos grupos de secuestrados, que a veces dejaba a cargo a alias Ciro y alias Asprilla.

En otra zona del Guaviare, también bajo el control del frente primero, estaban cautivos el teniente Vianey Rodríguez, el sargento Erasmo Romero, el cabo Julio César Buitrago y el cabo John Jairo Durán, custodiados por alias Veneno.

Las marchas eran largas y difíciles. Los rehenes permanecían amarrados unos a otros, con las botas de caucho en mal estado, muchas veces mojadas, aguantando las inclemencias del tiempo y soportando lesiones, enfermedades intestinales, paludismo y leishmaniosis, una enfermedad de la piel que se contagia por la picadura de un mosquito.

Durante las caminatas, en las que sentían muchas veces el sobrevuelo de aviones y helicópteros de las Fuerzas Militares, no sólo cruzaron por la selva y atravesaron corrientes de agua sino también pasaron por las imponentes montañas rocosas que forman parte de la sierra de Chiribiquete.

Cuando el grupo de Íngrid y cinco militares y policías llegó finalmente a un sitio para establecerse, los encadenaron a cada uno a un árbol, con una hamaca y un pequeño toldo; así comenzó uno de los períodos más inhumanos del cautiverio, que duraría varios meses.

Permanecían amarrados las veinticuatro horas del día. Sólo los soltaban para ir al baño o para asearse en el río, bajo la continua vigilancia de sus guardianes. Como animales de zoológico, a la hora de comer, cada secuestrado —obviamente encadenado— extendía su olla para recibir la ración de lo que hubiera disponible ese día.

Íngrid mantenía su dignidad y su rebeldía características, lo que hacía enfurecer a los guerrilleros, que la trataban especialmente mal. Si bien todos protestaban por la calidad de la comida, cuando Íngrid lo hacía le respondían con ira, acusándola de burguesa. Como su toldillo quedaba vecino al del cabo William Pérez, a veces hablaban sobre las noticias que escuchaban en la radio, por lo que sus guardianes la llevaron a un sitio alejado, donde no pudiera conversar con los demás.

La tristeza y la soledad de Íngrid se hicieron insoportables. El sol era apenas un recuerdo. A los compañeros de secuestro sólo los veía cuando se cruzaban camino a la rústica letrina o cuando los llevaban a bañarse al río, donde los guerrilleros la insultaban y azuzaban porque se demoraba más que los hombres. Ni siquiera podía hacer ejercicio, como acostumbraba en otros campamentos, porque las cadenas se lo impedían.

En esas condiciones, el espíritu siempre recio y altivo de la excandidata comenzó a quebrarse. Poco a poco dejó de comer, ya no se levantaba a recoger sus raciones y fue perdiendo el deseo de vivir, aun de sobrevivir, en ese encierro interminable. Además, la señal de radio a través de la cual le llegaban los mensajes de sus hijos, de su hermana y de su mamá era muy débil, y sólo sabía de ellos cuando otro secuestrado, con un mejor aparato, le contaba lo que había oído en los pocos momentos en que podían hablar.

Uno de ellos en particular, el cabo William Pérez, se condolía por la situación de Íngrid y procuraba pasar a animarla siempre que podía, aunque sus esfuerzos eran en vano. Íngrid lloraba, le decía que estaba muy triste porque no escuchaba a sus hijos, que le dolía saber que habían crecido sin ella, que se habían hecho adultos sin su compañía.

Su desnutrición se evidenció y el agua que le daban la enfermaba del estómago, generándole una diarrea crónica. Su delgadez y palidez eran extremas, tanto así que, después de casi un mes en estas circunstancias, tal vez temiendo por su vida, los guerrilleros, que habían notado la solidaridad del cabo Pérez con ella, un día cualquiera le soltaron la cadena y, sin decirle nada, dejaron que fuera a hablarle y acompañarla.

—Mire, doctora —le dijo Pérez—, usted tiene que tratar de salir adelante. Usted es un símbolo para mucha gente en el mundo y no puede dejar que la derroten en la guerra psicológica. No se puede dejar quebrar por ellos, porque sería como regalarles la victoria. Eso sería una decepción no sólo para usted y para nosotros, sino para el mundo entero.

Ella le decía que no podía más, que no soportaba estar sin noticias de sus hijos.

—¡Por eso! —insistía Pérez—, ¡por sus hijos no se puede dejar morir! Si no le importa lo que el mundo está haciendo por usted, hágalo al menos por sus hijos, que esperan que usted salga viva.

Las conversaciones entre Íngrid y el cabo Pérez continuaron los siguientes días, sin que ella saliera de su depresión. Apenas comía unas pocas galletas. Cualquier alimento distinto le sentaba muy mal.

En otra ocasión, Pérez la confrontó de esta manera:

—Doctora, si de verdad quiere morirse, entonces no es sino que se le tire a un guardia encima y trate de quitarle el arma, o que se corte las venas...

—Pero yo no puedo hacer eso —replicó Íngrid, que era una católica convencida y que leía constantemente la Biblia—. ¡Suicidarse es un pecado!

—También es pecado dejarse morir, y usted misma está acabando con su vida, igual que si se cortara las venas. Pero usted tiene una misión, como todos nosotros. Recuerde que los tiempos de Dios no son lo mismo que los tiempos de nosotros.

El cabo Pérez, que había sido criado en una familia cristiana evangélica, sabía muy bien de qué hablaba.

—Mire, doctora, usted no se puede dejar morir ni por el verraco y tampoco le voy a dar el gusto de dejarse morir aquí. Yo voy a pedirles a los guerrilleros unos medicamentos y unos alimentos especiales para tratarla, pero usted tiene que colaborar.

—Está bien —accedió Íngrid—. Pero ¡yo no me dejo hacer nada de ellos! Ellos ponen las inyecciones con las manos sucias y además mis venas son difíciles de encontrar, aun para la gente que sabe.

Pérez, que era enfermero profesional del Ejército y ya había ayudado a curar a varios de sus compañeros, se comprometió él mismo a aplicarle el tratamiento.

Llegados a ese acuerdo, el cabo habló con uno de los guerrilleros, le expuso la gravedad de la situación de Íngrid y le pasó una lista con los alimentos y elementos que necesitaba para hidratarla y nutrirla. Pidió un suplemento nutricional llamado Ensure, sueros, algunos medicamentos para manejar la depresión y otros para la diarrea. Para su sorpresa, al día siguiente le trajeron una caja con todo lo que había pedido, en abundancia.

El primer día del tratamiento, el cabo Pérez comenzó haciéndole unos masajes en el cuello y en la espalda, utilizando, en lugar de cremas, aceite de cocina mezclado con alcohol. Se impresionó al sentir el nivel de desnutrición de Íngrid y los nudos y espasmos que tenía en la espalda, pero poco a poco logró que empezara a soltarse. Le puso el suero sin problema, a pesar de sus venas escondidas, y le preparó su primera porción de Ensure, al principio muy pequeña, para ir aumentando las dosis cada día, pues su cuerpo no recibía más.

Poco a poco Íngrid principió a recuperarse, con el suero, el suplemento nutricional y unas coladas que Pérez hacía que le prepararan. Luego comenzó a darle comida de sal, como fríjoles y lentejas; inicialmente sólo el caldo y después, paso a paso, los sólidos.

Íngrid casi no podía moverse, pero empezó a recobrar fuerzas. Pasaba el tiempo acostada en su hamaca, escuchando la radio, y, sobre todo, recuperó su actitud mental y volvió a luchar por vivir. El cabo le hablaba hasta que se quedaba dormida, y estaba pendiente de todas sus necesidades.

A la semana de iniciar el tratamiento, ya Íngrid pudo caminar hasta el baño, siempre auxiliada por el cabo Pérez, en pasos cortos y lentos que hacían interminable recorrer un camino de sólo cien metros. Un tiempo después, cuando ya estaba comiendo más y no necesitaba suero, a fines de octubre de 2007, llegaron los guerrilleros a tomar las fotos y los videos para las pruebas de supervivencia que le habían prometido a Chávez y éste, a su vez, a Sarkozy.

Los secuestrados se negaron a colaborar y a maquillar la situación infame que estaban sufriendo. Les llevaron máquinas de afeitar y los invitaron a que se peluquearan, pero ninguno quiso hacerlo. Como alguno de ellos dijo: "Si nos quieren tomar fotos, háganlo como realmente estamos, con las cadenas y todo".

La mayoría se negó también a hablar ante las cámaras de video, a pesar de que los guerrilleros les insistían: "Hable, porque su familia está esperando que usted diga algo". Las imágenes que se conocieron en diciembre en los medios de comunicación daban testimonio de una mujer y un puñado de hombres secuestrados de cuerpo pero no de alma. Su silencio, su dignidad, su rabia callada, fueron más dicientes que cualquier discurso.

La imagen de Íngrid era estremecedora. Si no fuera por el sonido ambiente, y los movimientos de la cámara, podría pensarse que era una foto. Tal era su inmovilidad. Sentada sobre una rústica butaca de madera, con la selva rodeándola, Íngrid apenas parpadeaba. A pesar de que ya había superado lo peor de su crisis, su silueta era en extremo delgada; su rostro, enmarcado por un cabello larguísimo que llegaba hasta la cintura, reflejaba una tristeza infinita, y sus brazos esqueléticos dejaban ver un alto grado de desnutrición.

Íngrid, en esa toma, en toda su fragilidad, era el símbolo más fuerte y contundente de la infamia del secuestro, y de la crueldad del grupo que la tenía en su poder. Muchos en todo el mundo lloraron conmovidos y entendieron la protesta que expresó con su silencio.

Por fortuna, la secuestrada más famosa del mundo había encontrado en el cabo William Pérez, un joven guajiro que compartió con ella su fe en Dios y en la vida, a un verdadero ángel que la cuidó y sacó adelante para sus hijos y para el futuro[7].

---

7. El cabo William Pérez recibió en octubre de 2008, junto con el periodista Herbin Hoyos, director del programa radial *Las Voces del Secuestro*, el Premio Nacional de Paz en reconocimiento a su trabajo abnegado y su apoyo a todos sus compañeros de cautiverio, y se prepara para iniciar estudios de medicina.

CAPÍTULO V

El caso de Emmanuel

En un artículo de la revista *Semana*, de Colombia, en su edición del 17 de mayo de 2008 se hizo la siguiente reflexión: "Llama la atención que las comunicaciones entre las FARC y el gobierno venezolano no cesaron ni cambiaron cuando Uribe despidió a Chávez de la mediación. Los tres meses que estuvo autorizado oficialmente fueron suficientes para estrechar la relación de las FARC con el alto gobierno de Venezuela".

En efecto, el término de la mediación oficial no significó el fin de la participación del mandatario venezolano en la búsqueda de una solución al drama de los secuestrados. Chávez y la senadora colombiana Piedad Córdoba continuaron actuando sobre este tema, alegando que no necesitaban el aval del presidente Uribe para realizar actividades humanitarias. Además las FARC sabían que en Chávez tenían un aliado estratégico para alcanzar su anhelado estatus de beligerancia, por lo que insistieron en que sólo seguirían hablando con él y la senadora.

Como prueba de esto, y tal vez para demostrar que las actuaciones del presidente Chávez eran las únicas válidas para alcanzar el acuerdo humanitario, la guerrilla anunció en un comunicado, que se conoció el 18 de diciembre de 2007, que Clara Rojas, su pequeño hijo de tres años —a quien habían separado de su madre cuando apenas tenía ocho meses de vida— y la exsenadora huilense Consuelo González de Perdomo serían liberados de manera unilateral y entregados únicamente al mandatario venezolano o a quien él designara. Declaró también que no aceptaba la propuesta lanzada por la Iglesia católica, y avalada por el presidente Uribe, de negociar el acuerdo humanitario en una zona de encuentro ubicada en un área despoblada de alrededor de 180 kilómetros cuadrados, con veeduría internacional.

Clara Rojas y Consuelo González estaban en poder del frente séptimo de las FARC, al nororiente del río Inírida, bajo el mando de Gentil Duarte. Del niño Emmanuel no se sabía nada.

El gobierno colombiano recibió complacido el anuncio de liberación y manifestó su disposición a colaborar en lo que fuera necesario para hacerla efectiva, en tanto el presidente Chávez, aún herido por el fin de la mediación, no cesaba de llamar a Uribe "marioneta del imperio", entre otros insultos, acusándolo de cumplir órdenes de Estados Unidos.

Frente a este nuevo anuncio se activaron los sistemas de inteligencia colombianos para seguir el rastro de las comunicaciones y de cualquier otro indicio que condujera a los secuestrados. En poco tiempo, el 18 de diciembre, se pudo establecer que un niño de la edad y características del hijo de Clara Rojas había ingresado desde el 2005 al sistema de protección del Instituto Colombiano de Bienestar Familiar (ICBF), después de haber sido encontrado con graves signos de maltrato y en precarias condiciones de salud en poder de un hombre que lo custodiaba. Al pequeño, de identidad desconocida, lo habían entregado a un hogar sustituto en Bogotá.

¿Sería posible que las FARC estuvieran ofreciendo la liberación de un rehén que no tenían en su poder? ¿Lo hacían por cinismo o por desconocimiento? ¿Demostraba esto la falta de comunicación entre el secretariado y sus diversos frentes, como el primero, responsable de la suerte del niño?

La inteligencia continuó siguiendo las comunicaciones de la guerrilla y encontró claves fundamentales para la ubicación de los demás secuestrados. El 19 de diciembre, Gentil Duarte pidió autorización para mover a su grupo de rehenes, para la eventual entrega de Clara y Consuelo. Unos días después, antes de Navidad, César, en el frente primero, pidió también permiso al Mono Jojoy, comandante del Bloque Oriental, para mover a sus grupos siguiendo el caño Bacatí hacia el río Vaupés. El 27, César ordenó exploraciones en los caños Arará y Bacatí para iniciar el desplazamiento de sus secuestrados.

Estos datos fueron fundamentales, pues le dieron a la inteligencia del Ejército una pista concreta sobre la zona en que mantenían a los secuestrados del frente primero y sobre los movimientos que estaban haciendo en el frente séptimo para llevar a las dos políticas hacia su lugar de liberación. La orden del gobierno era no interferir, de modo que pudieran entregar a las secuestradas sin inconvenientes a una comisión liderada por el gobierno venezolano, con el acompañamiento de la Cruz Roja Internacional.

Pero ¿dónde estaba Emmanuel?

Desde cuando el ministro de Defensa, Juan Manuel Santos, supo por el general Mario Montoya de los indicios recaudados por la inteligencia militar que conducían a la posibilidad de que el verdadero Emmanuel fuera un niño que estaba en un hogar sustituto del Bienestar Familiar, habían decidido ponerlo bajo vigilancia, para evitar que algo le pasara. Para su sorpresa, se enteraron de que una noche, a ese barrio humilde de Bogotá, llegaron unos carros con placa diplomática de los que se bajaron algunas personas que entraron a la casa y salieron después de un rato. En medio de la oscuridad, los que vigilaban el lugar temieron que se hubieran llevado al niño, pero al otro día lo volvieron a ver. Nunca se supo quiénes fueron los protagonistas de esa extraña visita.

El ministro le comentó al presidente Uribe sobre el posible hallazgo del niño, pero decidieron esperar porque la guerrilla seguía insistiendo en que lo tenía y que lo iba a devolver junto con su madre. Faltando un par de días para terminar el año, Santos, que partía en pocas horas hacia Cartagena, fue a visitar a Bárbara Hintermann, jefa del Comité Internacional de la Cruz Roja en Colombia, y le dijo:

—Bárbara, quiero que sepa esto de mi boca para que no se extrañe si las FARC siguen dilatando las liberaciones. Tenemos serios indicios, todavía no certezas, de que Emmanuel, el hijo de Clara, no está en poder de la guerrilla sino en un hogar sustituto del Bienestar Familiar que ya hemos ubicado. Si no aparece el niño, es posible que ya lo tengamos.

El último día del 2007, el *show* mediático para la supuesta liberación de las dos mujeres y el niño estaba en marcha en la ciudad de Villavicencio, capital del Meta, cercana al departamento del Guaviare. Chávez había invitado a varios delegados internacionales, incluido el expresidente argentino Néstor Kirchner y representantes de Brasil, Ecuador, Cuba, Bolivia, Francia, Suiza y España. Incluso estaba presente el afamado cineasta Oliver Stone, quien llegó a Colombia para conocer de primera mano la operación de liberación y analizar la posibilidad de preparar una película sobre el tema.

Con todo, la liberación no se producía. Las FARC habían enviado una misiva a Chávez en la que alegaban falta de condiciones de seguridad para entregar a los rehenes, por supuestos operativos militares en la zona, que las autoridades negaban. Sin embargo, los rumores de interferencia del gobierno colombiano se propagaban en los medios internacionales, en especial en países como Ecuador y Argentina.

Al ver esta situación, el ministro Santos llamó al presidente Uribe a su finca en el departamento de Córdoba. Ellos habían planeado ir a dar un saludo de año nuevo a los soldados de un batallón en la región caribe del país, pero el ministro propuso un cambio:

—Presidente, antes de que sigan creciendo esos rumores, yo creo que es necesario que vayamos a Villavicencio y que usted les cuente a los delegados internacionales lo que sabemos. Si las FARC no entregan a los secuestrados no es por culpa del gobierno sino de la misma guerrilla, que no tiene al niño.

El presidente Uribe, que había dejado la coordinación de las liberaciones en manos de su alto comisionado de paz, Luis Carlos Restrepo, aceptó la sugerencia del ministro y volaron ambos a Villavicencio para hacer un anuncio que nadie esperaba: de acuerdo con informes de inteligencia, la demora en el proceso de liberación no se debía a ninguna operación militar sino a que Emmanuel, el hijo de Clara Rojas, no estaba en manos de las FARC desde hacía varios meses.

El tinglado internacional se desmoronó y los delegados, furiosos con la charada de las FARC, regresaron a sus países a pasar el fin de año con sus familias, con un sabor de engaño en la boca. Como lo dijo el expresidente Kirchner cuando Uribe le explicó la situación: "Si eso es así, ¡quedamos como unos boludos!".

Para verificar con toda certeza la filiación del niño, el presidente pidió que se hicieran las pruebas de ADN pertinentes en el más prestigioso laboratorio de genética para casos como éste, en España. Finalmente, los exámenes confirmaron que el niño que estaba bajo protección de la entidad gubernamental era el hijo de Clara Rojas.

Hugo Chávez, que el 31 de diciembre había dicho "Uribe miente (...) y yo acuso al presidente de Colombia de estar mintiendo y de haber ido a Villavicencio a colocar una bomba al proceso", tuvo que admitir que habían sido las FARC las que les habían mentido a él y a sus invitados internacionales. Fue un durísimo golpe a la credibilidad de la guerrilla y del propio mandatario venezolano.

Desenmascarada la farsa, a las FARC —si querían seguir validando el papel de Chávez— sólo les quedaba cumplir con la ofrecida liberación de las dos secuestradas, aunque esta vez lo hicieran sin expresidentes o directores de Hollywood como testigos. Fue así como el 10 de enero, en la tarde, dos helicópteros venezolanos con el distintivo de la Cruz Roja Internacional ingresaron a territorio colombiano para llevar a cabo la misión humanitaria.

El gobierno nacional había ordenado la suspensión de operaciones en el Guaviare durante todo el día. Las aeronaves salieron del aeropuerto de San José del Guaviare hacia las coordenadas que previamente habían sido informadas por las FARC al presidente Chávez, cerca del caserío de Tomachipán, y finalmente recogieron sin contratiempos a Clara Rojas y Consuelo González, quienes llegaron escoltadas por un grupo de guerrilleros.

A diferencia de los secuestrados del frente primero, que aparecían demacrados y enfermos en las pruebas de supervivencia que se habían interceptado en noviembre del año anterior, llamó la atención el buen aspecto de las dos liberadas. Lo cierto es que alias Mono Jojoy, el cabecilla del Bloque Oriental, había quedado muy disgustado cuando se conocieron las imágenes de Íngrid y sus compañeros de cautiverio que generaron la indignación mundial, y había ordenado que, en adelante, antes de cualquier video o fotografía, o de cualquier liberación, había que alimentar y vestir bien a los rehenes para que no "se desprestigiara la organización".

La comisión que viajó a recibir a las liberadas estaba compuesta por miembros del gobierno venezolano, de la Cruz Roja Internacional, periodistas de Telesur —la cadena de noticias promovida por el presidente Chávez—, un delegado del gobierno cubano y la senadora Piedad Córdoba.

Para asombro general, al día siguiente de la liberación, el presidente Chávez, en su discurso anual ante la Asamblea Nacional de su país, pidió a la comunidad internacional que reconociera a las FARC como fuerza beligerante, exabrupto que rechazó vehementemente el gobierno colombiano y que no encontró eco en ningún otro país del mundo. Parecía como si el mandatario venezolano recompensara así a la guerrilla por haberle entregado las dos secuestradas y permitirle ser el protagonista y bienhechor en esta historia de libertad.

Más allá de esto, el resultado que todos celebraban era que dos mujeres, que llevaban años muriendo en vida en la selva, hubieran vuelto a sus hogares y se reencontraran con sus familias. Clara Rojas pudo finalmente estrechar a su niño, el mismo que había nacido en cautiverio en medio de circunstancias aterradoras y que ahora era la causa de su alegría.

La inteligencia y las operaciones militares, entre tanto, no cesaban de trabajar para conseguir la libertad de los demás secuestrados. Con base en el análisis de las pruebas de supervivencia, y en la información interceptada a César, el general Mario Montoya, comandante del Ejército, ordenó el 12 de enero de 2008 iniciar una operación por parte de las Fuerzas Especiales del Ejército, a la que denominó Elipse, para realizar un "cerco humanitario" o una operación de rescate, si resultaba viable ejecutarla sin poner en riesgo la vida de los secuestrados.

El 18 de enero se tuvo noticia de que Enrique Gafas, lugarteniente de César, y su grupo de cautivos se encontraban cerca de las bocas del caño Bacatí, sobre el río Vaupés. Sin embargo, Gafas hizo un movimiento rápido y las Fuerzas Especiales no alcanzaron a cumplir su cometido. Por ello, el Ejército pasó la responsabilidad operacional al Comando Conjunto de Operaciones Especiales, bajo el mando del general Carlos Suárez, desde donde se continuó la operación de seguimiento y rastreo de los guerrilleros utilizando pequeños grupos de comandos especializados.

Las Fuerzas Militares estaban a punto de alcanzar uno de los objetivos más buscados en los últimos diez años.

CAPÍTULO VI

Lluvia de fotos

SELVAS DEL GUAVIARE, 23 A 31 DE DICIEMBRE DE 2007
(SEIS MESES Y UNOS DÍAS ANTES DE LA OPERACIÓN JAQUE)

Una avioneta solitaria sobrevoló durante el fin de semana anterior a la Navidad de 2007 las selvas del Guaviare, el Vaupés y el Guainía, con una carga insólita. Adentro, el publicista Juan Carlos Lecompte, segundo esposo de Íngrid Betancourt, llevaba veintidós mil fotografías de Mélanie y Lorenzo Delloye, los hijos adolescentes del primer matrimonio de Íngrid, con una nota en el reverso: "Para Íngrid, de Juan Carlos".

Esa era la forma en que Lecompte quería hacer llegar a su esposa, en lo profundo de la selva, su regalo de Navidad y de cumpleaños, pues ella cumplía el 25 de diciembre.

Ya desde el sábado, Mélanie le había enviado a Íngrid, en un programa de mensajes a los secuestrados, una noticia sobre el esfuerzo de su padrastro:

"Mamita, te quiero contar que Juanqui está en Mitú. Te está enviando unas fotografías de Loly y yo. Ojalá las recibas. Él lo hizo y lo hace con mucho amor".

Fue así como, desde el cielo, comenzaron a llover sobre los caseríos, árboles, ríos y caños de la región amazónica miles de imágenes que mostraban a los hermanos abrazados y sonriendo a la cámara. Eran las imágenes que Íngrid tanto añoraba ver en su cautiverio. Infortunadamente, no llegaron a su destinataria. En cambio, las encontraron algunos guerrilleros en la zona que pensaron que este bombardeo de fotografías era una señal de que los tenían ubicados.

Los secuestrados del grupo de Íngrid no recogieron ningún volante, ni siquiera escucharon el avión. Sin embargo, sus captores les dijeron que esa era la causa por la cual comenzarían una nueva movilización.

A partir del 28 de diciembre, César, quien ya había obtenido la autorización del Mono Jojoy y realizado avanzadas de exploración, ordenó el desplazamiento de los tres grupos de secuestrados a su cargo, bajándolos hacia el sur, desde el río Vaupés hacia el río Apaporis, por el caño Arará. El grupo de Enrique Gafas, el de Ciro (donde iba Íngrid) y el de Veneno avanzaban en la misma ruta pero sin verse, separados a una jornada de distancia.

Íngrid, ya más recuperada, aguantó las largas caminatas con el apoyo constante del cabo Pérez. En esas condiciones pasaron la noche de año nuevo como cualquier otra noche, sin esperanzas, sin más expectativa que sobrevivir otro año más a las inclemencias de la selva y la crueldad de sus secuestradores.

CAPÍTULO VII

"¡No más FARC!"

BOGOTÁ Y MÁS DE UN CENTENAR DE CIUDADES EN COLOMBIA
Y EL MUNDO, LUNES 4 DE FEBRERO DE 2008
(CUATRO MESES Y VEINTIOCHO DÍAS ANTES DE LA OPERACIÓN JAQUE)

El 4 de febrero de 2008 pasará a la historia como la fecha en que Colombia despertó de la indiferencia. En lo que constituyó la más grande manifestación ciudadana de todos los tiempos, millones de hombres, mujeres, jóvenes y niños, sin distingos de partido o condición, se tomaron las calles y plazas de las principales ciudades del país y de más de un centenar de ciudades alrededor del mundo, para marchar y protestar contra las FARC y la abominable práctica del secuestro.

Con una sola voz y una sola bandera, vestidos con camisetas blancas alusivas a la marcha, los colombianos dejaron claro ante el mundo un mensaje unánime imposible de desconocer o minimizar: "No más secuestro, no más mentiras, no más muerte, ¡no más FARC!".

Nunca antes se había visto tal fervor por una causa. Las avenidas de Bogotá, de Medellín, de Cali, de Barranquilla, de Cartagena, se tapizaron de blanco con una sola protesta contra un grupo violento al que no le concedían el derecho de arrogarse la voz de los colombianos.

Sólo unas pocas organizaciones de izquierda y una facción del oposicionista partido Polo Democrático se negaron a marchar, alegando que protestar contra la guerrilla y no contra otros actores armados ilegales, como los antiguos grupos de autodefensa o paramilitares, equivalía a respaldar al gobierno del presidente Uribe, con cuyas políticas no comulgaban.

Pero esto no alteró la vocación multitudinaria de la marcha. Después del 4 de febrero no quedó duda sobre el repudio que sentían los colombianos contra el secuestro y los demás actos terroristas de las FARC. Las fotos de los secuestrados se multiplicaron en pancartas y carteles, y el llanto de sus familias se convirtió en el llanto de una nación.

El papa Benedicto XVI había pronunciado el domingo anterior a la marcha una plegaria que recogía las oraciones de millones de personas: "No dejo de elevar fervientes súplicas a Dios por Colombia, donde, desde hace mucho tiempo, muchos hijos e hijas de ese amado país padecen la extorsión, el secuestro y la pérdida violenta de sus seres queridos". Clara Rojas y Consuelo González de Perdomo, ya liberadas, se unieron al clamor por la libertad de sus compañeros de infortunio. El presidente Alan García, del Perú, se puso la camiseta oficial de la marcha y acompañó la manifestación desde su sede de gobierno.

Lo más llamativo de esta movilización fue su convocatoria espontánea. No fue una iniciativa del gobierno o de las Fuerzas Armadas, tampoco de las familias, ni de ninguna organización no gubernamental. Se trató de una idea que un puñado de jóvenes, sin militancias políticas comenzó a ventilar a través de Facebook, un sitio dedicado a las redes sociales virtuales, con un grupo llamado "Un millón de voces contra las FARC".

Sin proponérselo, gracias al poder de comunicación masiva de la internet, la idea fue creciendo y tomando forma, y se comenzaron a adherir las personas del común, los medios de comunicación, las organizaciones sociales, el gobierno y los partidos políticos, sin que se perdiera nunca el carácter independiente de la marcha.

Los secuestrados, encerrados por años en la cárcel de la selva y la inhumanidad, supieron ese día que no estaban solos. La sociedad había tomado conciencia y se había levantado para exigir su libertad.

CAPÍTULO VIII

“Esa risa no es de un colombiano”

SELVAS DEL GUAVIARE, VIERNES 15 DE FEBRERO DE 2008
(CUATRO MESES Y DIECISIETE DÍAS ANTES DE LA OPERACIÓN JAQUE)

El viernes 15 de febrero de 2008 parecía un día más de lentos y cuidadosos desplazamientos por la selva para el pequeño comando de reconocimiento y exploración que, junto con otros grupos aislados, recorría el inhóspito territorio del Guaviare en busca de los secuestrados.

Eran doce hombres —un teniente, un sargento y diez soldados profesionales— especialmente entrenados para sobrevivir en la jungla hasta por un mes, camuflados entre la maraña, cargando un peso superior al de ellos mismos, con sofisticados equipos de localización y comunicaciones, consumiendo frías porciones de campaña y durmiendo a la intemperie.

Habían salido el 6 de febrero de la base militar de San José del Guaviare con un objetivo específico: rastrear la zona, evitando enfrentamientos con el enemigo, hasta ubicar los campamentos guerrilleros donde tenían escondidos a los secuestrados. El primer día viajaron en un helicóptero militar, del que se descolgaron por medio de cables, y desde entonces venían bajando por la zona del caño Macayarí, hacia el río Apaporis.

No era una ubicación escogida al azar. La central de inteligencia del Ejército había seguido los pasos de los diversos grupos a través de sus comunicaciones y comunicó al Comando Conjunto de Operaciones Especiales que en esa zona, cercana a un sitio llamado Cornelio, existía una alta probabilidad de encontrar a los secuestrados. También tenían indicios claros de que al exsenador Luis Eladio Pérez lo habían separado de su grupo a comienzos de febrero para llevarlo hacia el norte, donde se juntaría con otros tres excongresistas que estaban en poder del frente séptimo, cuya liberación habían anunciado las FARC nuevamente a través del presidente Chávez y la senadora Piedad Córdoba. Sin Luis Eladio, el número de secuestrados del frente primero se reducía a quince.

Ese viernes, los hombres del comando de reconocimiento recibieron la instrucción, desde el puesto de mando en San José del Guaviare, de montar un punto de vigilancia sobre el río Apaporis en unas coordenadas precisas. A las cuatro de la tarde, cuando se encontraban a unos doscientos metros de la orilla, escucharon voces de un grupo grande de gente que parecía estar cortando leña, y el ladrido de un perro. El teniente dejó a sus hombres allí y avanzó, con dos soldados más, para explorar la situación. Al llegar a la ribera se dieron cuenta de que las voces venían del otro lado del río, que en ese punto hacía una curva, y vieron, mientras permanecían agazapados en la vegetación, que de la maraña salían tres hombres con pantalón de sudadera azul y camiseta negra, y otra mujer, también con sudadera. Todo indicaba que eran guerrilleros. A los pocos minutos, volvieron a subir por la pendiente que marcaba la orilla opuesta.

Satisfechos con ese primer contacto visual, el teniente y los soldados regresaron al sitio donde los esperaba el resto del comando. Se determinó que al día siguiente montarían un punto de observación para mantener una estricta vigilancia sobre el río.

Sábado 16 de febrero

El sargento y dos soldados salieron en la madrugada a tomar posiciones sobre el Apaporis. Estaban perfectamente camuflados, mimetizados con hojas de los arbustos de la zona, y tenían capacidad para permanecer inmóviles por horas en un solo sitio, aguardando impasibles el movimiento del enemigo.

A las nueve de la mañana, en el lado opuesto, vieron bajar a cuatro personas con overoles azules y camisa negra, todos armados, lo que les dio la certeza de que estaban a pocos metros de un campamento guerrillero. Los cuatro dejaron las armas y se quitaron las ropas, hasta quedar en pantaloneta, y se bañaron en el río. Cuando salieron, bajaron tres guerrilleras armadas, también vestidas de azul, y se sumergieron en ropa interior. En esa orilla no había playa sino un barranco que tenía unas escaleras improvisadas para bajar al agua, donde tenían una pequeña empalizada.

Una hora después, los inmóviles observadores escucharon ruidos y voces hacia la izquierda, también en la orilla contraria pero a unos 150 metros de distancia, lo que les dio a entender que había dos concentraciones acampadas cerca una de la otra. El sargento y un soldado se arrastraron hacia esa nueva dirección y dejaron al otro soldado en el primer puesto. Entonces, tapados con ramas y acostados sobre el suelo, divisaron a un guerrillero, con un fusil AK-47 en la espalda, que estaba pescando. Luego bajó una señora robusta con una olla muy grande, quien, con la ayuda de otros guerrilleros, recogió agua para preparar el almuerzo. Otros bajaron y se dedicaron a lavar su ropa. El ambiente era de poca disciplina. Estaban relajados, reían y se hacían bromas entre sí, sin saber que sus movimientos eran observados segundo a segundo por un comando del Ejército.

Hacia la una y treinta de la tarde, el sonido de unas voces les advirtió que otra vez había movimiento en el segundo campamento. Sin embargo, no se percibía el mismo espíritu jovial de la mañana. Primero apareció un guerrillero vestido de camuflado, apuntó con su fusil en todas direcciones, miró con detenimiento alrededor, pateó unas hojas y, cuando se sintió seguro, hizo una señal a los que venían detrás de él para que siguieran.

Entonces comenzó a bajar un grupo disímil de personas. Primero dos hombres en pantaloneta y con botas de caucho, luego un guerrillero con camuflado y armamento, detrás otros tres hombres en pantaloneta y con botas, y, cerrando el grupo, un último guerrillero que les apuntaba con su fusil. Los cinco que estaban en pantaloneta lavaron su ropa y luego entraron al río. Los vigilantes escucharon sus risas.

Pero la risa también tiene idioma. Los militares colombianos, que habían convivido con asesores norteamericanos en las bases del suroriente del país, podían percibir la diferencia entre la forma de reírse de un extranjero y la de un local.

—Esa risa no es de un colombiano —le susurró el sargento al soldado que lo acompañaba. Entonces comprendió, emocionado, que algunos de los que se bañaban en el río eran los contratistas estadounidenses que estaban en manos de las FARC desde hacía cinco años. ¡Era la primera vez que un miembro del Ejército tenía contacto visual con un grupo de secuestrados durante su cautiverio!

En ese momento, uno de los norteamericanos le gritó a otro que se zambullía en el río, el que parecía más joven y animado:

—¡Hey, Marc!

No cabía duda. ¡Estaban a unos metros de los norteamericanos secuestrados! Los otros dos que se bañaban eran el capitán Bermeo y el cabo Arteaga, aunque los vigilantes no pudieran reconocerlos entonces.

El soldado le estrechó la mano al sargento y susurró exaltado:

—¡Esos son! ¡Esos son!

—¡Calmémonos! —respondió el sargento—. Saquemos las fotos.

Tomaron los binoculares y compararon los hombres altos y blancos que veían con unas fotografías que llevaban para reconocerlos. Sin duda, allí estaban los tres: Thomas Howes, el mayor y más sereno; Keith Stansell, de contextura fuerte y con un peculiar corte de pelo al estilo militar, y Marc Gonsalves, a quien creyeron distinguirle un tatuaje en el brazo derecho. Después de una media hora, los cinco secuestrados y sus centinelas regresaron en fila india a su campamento.

Con esta novedad los observadores se devolvieron, lentamente y sin hacer ruido, hasta el puesto de seguridad, donde el teniente y otros soldados vigilaban el entorno. El teniente llamó de inmediato al coronel que dirigía la operación desde San José del Guaviare, y le pasó al sargento para que le narrara lo que habían visto.

—Mi coronel —comenzó el sargento—: acabo de ver a los tres norteamericanos y a dos colombianos que están con ellos, rodeados por tres centinelas de la guerrilla.

El alto oficial los felicitó. "Ustedes son los primeros militares que ven un secuestrado en diez años". Les pidió continuar con la vigilancia y verificar y completar la información, pues se trataba, sin duda, de un hecho que cambiaría el rumbo de la Operación Elipse que entonces se desarrollaba.

Pronto el coronel le reportaría el hallazgo al general Suárez; éste al general Padilla, comandante de las Fuerzas Militares, quien llevaría la buena nueva al ministro de Defensa y al presidente Uribe. ¡Al fin tenían a los secuestrados a la vista!

Pero los hallazgos no pararon ahí. El sargento y el soldado regresaron al río, donde dos soldados vigilaban el otro campamento. A los pocos minutos de llegar, vieron bajar a cinco secuestrados —militares y policías—, como siempre custodiados por guerrilleros armados, pero la situación era muy distinta. A éstos los trataban mal y los insultaban. No los dejaron entrar al río, así que les tocó bañarse en la orilla usando tarros para recoger el agua. Además, les dieron menos tiempo que a los otros.

Uno de los centinelas se ubicó en lo alto del barranco y comenzó a barrer la otra orilla con unos potentes binoculares. El sargento y los soldados permanecieron inmóviles, con la respiración suspendida.

—¡Quédense quietos! ¡No se vayan a mover! —susurró el sargento.

Camuflados bajo las ramas, eran un blanco casi imposible de detectar, pero el peligro era inminente.

Pasaron diez o quince minutos y los guerrilleros comenzaron a azuzar a sus rehenes.

—¡Joche, joche! ¡Rápido, que es tarde! ¡Nos fuimos, nos fuimos!

Subieron en fila al campamento, siempre los guerrilleros apuntando y empujando a los secuestrados. Los militares respiraron nuevamente e informaron al teniente en el puesto de seguridad.

En un solo día habían localizado, visto y escuchado a diez de los quince secuestrados que estaban en poder del frente primero. ¡Su misión estaba cumplida!

Domingo 17 de febrero

Desde la madrugada se apostaron los soldados y el sargento en sus puntos de observación, atentos para ver si este día se repetía la rutina de baños que habían presenciado la jornada anterior.

En efecto, hacia las once y treinta de la mañana bajaron los tres norteamericanos, los dos rehenes colombianos y los centinelas, y se bañaron en el río. De los extranjeros, sólo Marc nadaba hasta la mitad de la corriente e invitaba a los demás a que se le unieran. Sin duda, era el que la daba vida al grupo.

—*Come on, brother*! —les gritaba a sus compañeros—. *The river is good.*

Pero sus amigos preferían quedarse más cerca de la orilla. Entre tanto, uno de los colombianos se afeitaba, y ese día se quitó una barba crecida. La actividad de baño duró cerca de una hora.

Hacia las cuatro de la tarde, en el otro campamento, llevaron a bañar a los mismos cinco secuestrados colombianos de la víspera. Otra vez, el guerrillero vigía auscultó el horizonte con sus potentes binoculares y los observadores del Ejército se hicieron invisibles en su camuflaje. Los guerrilleros sacaron unos paneles de energía solar y pusieron a cargar alguna batería.

Cuando estaba terminando el baño, una canoa con dos guerrilleros armados salió de la otra orilla y comenzó a desplazarse hacia la ribera en que se encontraban los militares. Fue un momento crítico para la operación. Ante la inminente llegada del enemigo, con quien debían evitar el combate a toda costa, los hombres comando se replegaron al puesto de seguridad y, una vez allí, sin saber si habían sido descubiertos, decidieron alejarse unos seiscientos metros del sector.

Lunes 18 de febrero

De regreso al puesto de observación, el sargento y los soldados presenciaron la repetición de la rutina de baño, tanto de los guerrilleros como de los dos grupos de secuestrados. En la tarde, cuando se aseaban los cinco rehenes colombianos, un guerrillero les ordenó a dos de ellos:

—Les doy diez segundos para que pasen el río, pero caminando.

No estaba claro si la orden era para divertirse a su costa o para usarlos con el fin de establecer la profundidad del río.

Cuando el agua ya les daba hasta el pecho, uno de los conejillos de Indias dijo a su compañero:

—¡Mi sargento, espere, que estoy tomando agua!

El guerrillero les gritaba desde la orilla:

—¡Hágale, hágale, sargento! ¡Pase el río!

Finalmente los dos cautivos alcanzaron la orilla y se devolvieron. La misma prueba les tocó pasar a otros dos secuestrados, que fueron caminando hasta la ribera opuesta y regresaron con gran dificultad.

En ese momento se divisó una canoa en la que venía un hombre con un niño y los guerrilleros obligaron a los secuestrados a subir y esconderse mientras pasaba la embarcación. Para entonces, los observadores ya habían calculado, por las voces y el movimiento, cuántos terroristas estaban al otro lado del río a cargo de los dos grupos de rehenes. Serían entre ochenta y cien. Y ellos eran apenas doce.

Martes 19 de febrero

Al otro día, los movimientos y horarios de los grupos comenzaron a cambiar. Ya no bajaron a buscar agua para el almuerzo a las diez de la mañana sino a las ocho.

El grupo de los norteamericanos sólo tuvo veinte minutos para asearse, y esta vez los custodió un solo guardia. En el otro campamento no sacaron a bañarse a los secuestrados. Los ruidos se fueron apaciguando. Todo indicaba que los grupos empezaban a moverse del lugar, seguramente por tierra, en tanto los víveres y otras provisiones los transportaban en botes.

Hacia las seis de la tarde apareció una última embarcación larga, con buena capacidad, y recogió un material pesado que los soldados no alcanzaron a identificar.

Miércoles 20 de febrero

Durante la mañana, los vigilantes no escucharon ni vieron ningún movimiento al otro lado del río. Sólo hacia las dos y treinta de la tarde llegaron dos botes que recogieron bultos en las orillas de ambos campamentos y siguieron su rumbo aguas arriba.

A partir de ese momento la ribera opuesta quedó en silencio. Los guerrilleros y sus dos grupos de secuestrados habían reanudado la marcha hacia un nuevo destino.

El grupo de comando, satisfecho por haber detectado la posición de diez rehenes, continuó su labor de rastreo y reconocimiento por dos semanas más, hasta cuando fue recogido por un helicóptero después de un mes de tensa subsistencia en medio de la selva.

Su labor había sido un éxito. Ahora correspondía a los líderes estratégicos de las Fuerzas Militares determinar el curso que se debía seguir.

CAPÍTULO IX

Últimas liberaciones unilaterales

Durante los días en los que el grupo de comando estuvo observando la cotidianidad de los guerrilleros y sus secuestrados, la actividad en San José del Guaviare, donde se tenía el control directo de la operación, y en Bogotá, en el Comando Conjunto de Operaciones Especiales, era febril.

Desde hacía un tiempo, el presidente Uribe, consciente de la dificultad de ejecutar un rescate militar sin poner en riesgo la vida de los cautivos, había hablado de la opción de realizar un "cerco humanitario" cuando se tuviera la localización precisa de algún secuestrado. La idea del cerco suponía, no una acción ofensiva, sino una operación de presión militar que cerrara todos los espacios de escape a los secuestradores para procurar una negociación directa con el responsable de los rehenes.

Basada en este concepto, la Jefatura de Operaciones Especiales Conjuntas había ordenado cercar los campamentos que tenía a la vista el grupo de comando.

Al mismo tiempo, más de 150 kilómetros al norte, el frente séptimo movía a sus cautivos con el propósito de cumplir la liberación unilateral de cuatro políticos, entre ellos a Luis Eladio Pérez, a quien llevaban a marchas forzadas desde el río Apaporis hasta inmediaciones del río Inírida, para unirlo a los otros que se iban a liberar.

Los guerrilleros del frente séptimo creyeron detectar operaciones militares cercanas al área en la que tenían planeada la liberación y decidieron modificar el lugar de entrega. A pesar de que dichas operaciones se producían a considerable distancia del frente primero, César y Gafas, como medida preventiva, determinaron mover también a sus secuestrados.

Fue por eso por lo que el 20 de febrero, antes de que las tropas alcanzaran a ocupar las posiciones para realizar el cerco humanitario, los guerrilleros levantaron los campamentos y marcharon con dirección noroeste, evadiendo, sin saberlo, el cerco que se les estaba tendiendo.

En la central de inteligencia técnica, el mayor Gonzalo Dávila, el mismo que había recibido en abril de 2007 la noticia sobre la fuga del subintendente Pinchao y la primera coordenada de localización en mucho tiempo, había seguido con sus hombres la operación, minuto a minuto. Cuando los del grupo de comando informaron que los guerrilleros y sus rehenes habían partido antes de que la operación militar se completara, sólo atinó a comentarles a sus hombres con voz desolada:

—Muchachos, ¡se nos fueron! ¡Se nos fueron!

La frustración del gobierno y de los militares fue muy grande. Se había perdido la oportunidad más clara para desarrollar una operación militar, en este caso un cerco humanitario, que devolviera la libertad a los secuestrados.

En otra área del Guaviare, sin embargo, se dieron buenas noticias al país. El 27 de febrero se produjo en el área de caño Macú, afluente del río Inírida, al norte del corregimiento de Tomachipán, la liberación de los excongresistas Luis Eladio

Pérez, Gloria Polanco, Jorge Eduardo Géchem y Orlando Beltrán, después de siete años de cautiverio. La entrega, que contó con la autorización del gobierno colombiano y la garantía de que no habría operaciones militares ofensivas que la entorpecieran, se cumplió en forma casi calcada a la de Clara Rojas y Consuelo González.

Nuevamente dos helicópteros venezolanos, con emblemas de la Cruz Roja Internacional, recogieron a los secuestrados. Estaban presentes, además de delegados de esta entidad humanitaria, un ministro y otros funcionarios de Venezuela, la senadora Piedad Córdoba, y un periodista y un camarógrafo de la cadena Telesur, que tenía la exclusividad para transmitir el acto de entrega.

Las FARC expresaron ese mismo día, en un comunicado, que la liberación era un “logro de la persistencia humanitaria y de la sincera preocupación por la paz de Colombia del presidente Hugo Chávez y de la senadora Piedad Córdoba”, pero dejaron en claro también que no habría nuevas liberaciones unilaterales en tanto el gobierno colombiano no accediera a su exigencia de despejar los municipios de Pradera y Florida, en el Valle del Cauca.

No imaginaban que el mes de marzo, que estaba por comenzar, marcaría una debacle para su organización de la que difícilmente podrían recuperarse.

CAPÍTULO X

Nace una nueva operación

En una sucesión de golpes con diversas características, las FARC perdieron en marzo de 2008 a tres de los siete miembros del secretariado, su máximo órgano de dirección, entre ellos a su comandante histórico.

En la madrugada del 1° de marzo, gracias a una oportuna información de inteligencia, las Fuerzas Armadas lograron abatir a alias Raúl Reyes, el número dos de las FARC, encargado de las relaciones internacionales, quien estaba con un nutrido grupo de guerrilleros en un lugar selvático situado en suelo ecuatoriano, a pocos metros de la frontera con Colombia. Adicionalmente, hallaron varios computadores y discos duros en el campamento de Reyes, que contenían documentos, fotografías, videos y correos electrónicos que daban serios indicios sobre la compleja red de apoyos que las FARC venían tejiendo con gobiernos vecinos.

El bombardeo en territorio ecuatoriano, del cual el presidente Uribe avisó a su homólogo de dicho país, Rafael Correa, pocas horas después de su ocurrencia, generó una crisis diplomática de inmensas proporciones, no sólo con el Estado directamente afectado sino también con Venezuela y Nicaragua.

Una semana después del abatimiento de Reyes, un guerrillero que formaba parte de la guardia personal de alias Iván Ríos, otro miembro del secretariado, cuyo grupo estaba sufriendo un durísimo hostigamiento por parte de las Fuerzas Militares, lo asesinó y se presentó ante las autoridades colombianas con la mano cercenada de su jefe. En medio de lo siniestro del suceso, la baja de Ríos demostró el nivel de desmoralización y degradación en que se encontraba la guerrilla.

La baja más sensible para las FARC ocurrió el 26 de marzo cuando falleció su fundador y máximo líder, alias Manuel Marulanda, en medio de continuos bombardeos de la fuerza pública sobre la zona donde se encontraba. Su muerte, cuya causa nunca se reveló, sólo se hizo pública dos años después.

Sin duda el grupo guerrillero, cuyos jefes siempre se habían considerado intocables, afrontaba uno de sus peores momentos. En medio de la zozobra, y sin consultar a todos los miembros del estado mayor, alias Alfonso Cano asumió como sucesor de Marulanda.

Entre tanto, en las selvas del Guaviare, los equipos de reconocimiento del Comando Conjunto de Operaciones Especiales no habían perdido del todo la pista sobre la ubicación de los rehenes del frente primero. Después de que partieron de los campamentos en que los había detectado el grupo de comando, se tenían indicios claros de que seguían el curso del río Apaporis con rumbo al noroccidente, y que se hallaban en inmediaciones de caño Barreto, dirigiéndose hacia el raudal del Venado.

Con estos datos comenzó a prepararse una nueva operación de cerco militar, hasta que un imprevisto frustró todos los avances. Un guerrillero encontró mimetizado en alguna parte de la selva un aparato de alta tecnología para la detección de movimientos que hacía algún tiempo había sembrado el Ejército en la zona, con el apoyo de asesores estadounidenses. Éste y otros elementos similares estaban diseminados en diferentes lugares de la selva del Guaviare. La guerrilla entró en alarma. Aunque no entendía bien el propósito del aparato, Enrique Gafas, responsable directo de los secuestrados, percibió que lo estaban ubicando y decidió cambiar de rumbo. Fue así como, el 8 de marzo, se devolvió hacia el caño Macayarí y evadió por segunda vez el cerco que se le tendía.

A partir de entonces, las comunicaciones bajaron a un nivel mínimo, prácticamente inexistente, y se perdió el rastro de la guerrilla y sus rehenes. Preocupado por la situación, el general Mario Montoya convocó el 15 de marzo al director de Inteligencia del Ejército, general Ricardo Díaz, y al jefe de inteligencia técnica, coronel Fernando Olano[8], y les ordenó utilizar todos los recursos de la inteligencia para planear una operación especial con el fin de volver a encontrar a los secuestrados. Dos meses después de haberse iniciado la Operación Elipse, y ante la falta de resultados, se hacía necesario trabajar en otro frente de acción.

Fue entonces cuando comenzó a tomar forma la jugada maestra que pasaría a la historia como la Operación Jaque.

---

8. Nombre ficticio para proteger la identidad del oficial de inteligencia.

Segunda parte

EL ENGAÑO ELECTRÓNICO

CAPÍTULO I

Dispersión de los secuestrados

SELVAS DEL GUAVIARE, JUEVES 20 DE MARZO DE 2008
(TRES MESES Y DOCE DÍAS ANTES DE LA OPERACIÓN JAQUE)

Luego de tres meses de continuas marchas por la selva, a los quince secuestrados los llevaron otra vez a la zona del caño Macayarí, cerca del río Apaporis. Hasta ahora habían estado avanzando y retrocediendo en tres grupos, separados por muy corta distancia y siempre con el mismo rumbo.

Pero la situación cambió a partir del 20 de marzo. Ese día César, el cabecilla del frente primero, le ordenó a Enrique Gafas que rearmara los paquetes de rehenes y los enviara en diferentes direcciones.

Gafas, el más experimentado, se quedó con los que tenían mayor valor para los objetivos de las FARC: Íngrid Betancourt; el cabo William Pérez, a quien dejaron con ella para que le prestara asistencia en caso de alguna recaída; los tres norteamericanos, y el capitán Juan Carlos Bermeo, el militar de más alto rango entre los cautivos.

El segundo grupo, a cargo de Ciro, quedó compuesto por el teniente Raimundo Malagón, el sargento Amaón Flórez, el sargento José Ricardo Marulanda, el cabo José Miguel Arteaga y el intendente Armando Castellanos.

El tercer grupo, siempre a cargo de Veneno, lo seguían integrando el teniente Vianey Rodríguez, el sargento Erasmo Romero, y los cabos Julio César Buitrago y John Jairo Durán.

Los dos últimos grupos se desplazarían hacia las áreas donde operaban las compañías de alias Reinaldo y alias Urías, ambas pertenecientes al frente primero y, por tanto, subalternas de César.

Con base en estas instrucciones, los tres grupos, con su nueva conformación, comenzaron a distanciarse hasta quedar dispersos en un área de aproximadamente doscientos kilómetros cuadrados, sin que la fuerza pública tuviera una noción concreta de su ubicación.

Después de tantos avances, de haberlos visto a pocos metros de distancia, de haberlos oído hablar, de haber conocido sus vivencias en cautiverio, volvían al punto cero, o incluso a uno peor que antes: los guerrilleros habían detectado la presencia de las tropas y estaban al acecho, además de que se había perdido la unidad de los secuestrados.

La misión que el general Montoya asignó a la Dirección de Inteligencia del Ejército era, sin duda, un reto monumental que exigía soluciones creativas a la altura de las dificultades.

CAPÍTULO II

La inteligencia entra en acción

SABANA DE BOGOTÁ, CENTRAL DE INTELIGENCIA TÉCNICA DEL EJÉRCITO, DOMINGO 6 DE ABRIL DE 2008 (DOS MESES Y VEINTISÉIS DÍAS ANTES DE LA OPERACIÓN JAQUE)

El coronel Fernando Olano, jefe de inteligencia técnica, citó a su despacho al mayor Gonzalo Dávila, comandante de la sección de analistas, y a un capitán que trabajaba con él, para establecer las tareas que había que cumplir en los próximos días. "La misión prioritaria es seguir la instrucción de mi general Montoya y planear una operación de guerra electrónica que nos permita reubicar a los secuestrados y lanzar una operación de rescate o de cerco humanitario", les dijo.

El mayor Dávila y el capitán se comprometieron a trabajar con sus hombres en una propuesta para el siguiente 20 de abril, y salieron entusiastas de la reunión. La instrucción de su jefe no los tomaba por sorpresa. De hecho, desde febrero, antes de que el grupo de comando hubiera avistado a los secuestrados, habían empezado a planear una operación de "engaño electrónico" para entrar en el corazón de las comunicaciones de las FARC. Además, ya habían compartido una experiencia exitosa de este tipo en el 2005, aunque a un nivel mucho menor, que les daba confianza para ir más lejos en esta oportunidad.

El engaño electrónico es una operación clásica de guerra electrónica, sin duda la más complicada, y consiste en penetrar las comunicaciones del enemigo para luego suplantarlo, haciéndole creer que habla con su contacto habitual cuando en realidad está hablando con el agente que realiza la suplantación. Para llevar a cabo una operación de este tipo se requiere contar con medios técnicos avanzados y con un personal calificado, capaz de suplantar no sólo la voz, sino la forma de pensar y de actuar de los operadores.

La inteligencia de las Fuerzas Militares y de la Policía de Colombia había tenido un inmenso desarrollo en los últimos años. El ministro de Defensa, Juan Manuel Santos, quien asumió su cargo en julio de 2006, era un convencido de la importancia de la inteligencia como el factor clave para desestabilizar a los terroristas. Antes de posesionarse, se había entrevistado en Londres con sir John Scarlett, director general del Servicio Británico de Inteligencia Secreta (MI6) y le había pedido ayuda para Colombia en materia de inteligencia y contrainteligencia. También había hablado con el excanciller y exministro de Seguridad Pública de Israel, Shlomo Ben-Ami[9], quien le sugirió la asesoría en inteligencia de una empresa formada por antiguos generales y miembros de la Mossad, el famoso servicio israelí de inteligencia.

Con estos dos apoyos, venidos del Reino Unido y de Israel, más la permanente ayuda estadounidense que llegaba a través del Plan Colombia, multiplicada con ocasión del secuestro de los tres norteamericanos, la inteligencia colombiana se perfeccionó, tanto en tecnología como en capacidad del recurso

9. Shlomo Ben-Ami es vicepresidente del Centro de Toledo para la Paz, del que el ministro Santos es miembro.

humano, hasta el punto de ser capaz de acometer operaciones como la que estaban empezando a planear.

Santos insistió también, desde su llegada al ministerio, en la necesidad de terminar los celos y el ocultamiento de información entre las centrales de inteligencia de los diversos organismos de seguridad del Estado. Con la creación de la Jefatura de Operaciones Especiales Conjuntas se logró combinar y compartir los esfuerzos de inteligencia y operacionales de las Fuerzas Militares y de Policía, así como del Departamento Administrativo de Seguridad (DAS), gracias a lo cual se obtuvieron resultados antes impensables, como el abatimiento del segundo hombre de las FARC, alias Raúl Reyes, o la captura del más poderoso capo del narcotráfico del país, alias Don Diego, incluido en las listas del FBI como uno de los diez criminales más buscados del mundo, al lado de Osama bin Laden.

Con todos estos recursos, hombres como el coronel Olano y el mayor Dávila, con una larga experiencia en el tema de las comunicaciones de la guerrilla, y su equipo de criptoanalistas y analistas, dedicados desde hacía años a escuchar y desencriptar los mensajes de los cabecillas de las FARC, se sentían seguros de poder responder al desafío asignado por el general Montoya, comandante del Ejército, y por su superior directo en la dirección de inteligencia del Ejército, el general Díaz.

No era una tarea fácil, en absoluto. Así como el Estado colombiano había fortalecido su capacidad de inteligencia, también las FARC lo habían hecho con los inmensos recursos que recibían de su actividad de narcotráfico; mejoraron sus sistemas de comunicaciones y desarrollaron códigos, mapas y tablas a través de los cuales "encriptaban" sus palabras, ocultando el significado de sus diálogos, códigos que los criptoanalistas del Ejército habían descifrado después de meses de arduo trabajo.

Con todos estos elementos en mente, el mayor Dávila, el capitán, dos suboficiales criptoanalistas y un suboficial analista, especializados en las comunicaciones del Bloque Oriental de las FARC, se reunieron a puerta cerrada durante las dos semanas siguientes y comenzaron a esbozar una audaz operación de engaño electrónico, estudiando matrices y opciones, recursos y riesgos. No lo sabían entonces, pero lo que planeaban en su mesa de trabajo sería el inicio de una operación que cambiaría para siempre la historia de los secuestrados y de Colombia.

CAPÍTULO III

El plan maestro

SABANA DE BOGOTÁ, CENTRAL DE INTELIGENCIA TÉCNICA DEL EJÉRCITO, DOMINGO 20 DE ABRIL DE 2008
(DOS MESES Y DOCE DÍAS ANTES DE LA OPERACIÓN JAQUE)

Cumplido el plazo previsto, la noche del 20 de abril se encontraron en la central de inteligencia técnica del Ejército el coronel Olano con el grupo de análisis del mayor Dávila, que estaba listo para explicar su propuesta de engaño electrónico.

La presentación fue concreta y ordenada, ajustada a la doctrina y al manual de inteligencia electrónica que regía para esas operaciones. El plan era el siguiente:

Tres veces al día —en la mañana, al mediodía y en la tarde— la operadora del Mono Jojoy, alias Andrea, se comunicaba con cinco frentes subalternos, uno de ellos el frente primero, bajo el mando de César, cuya operadora era conocida como la India.

En esos programas radiales, los operadores —hombres y mujeres— de los cinco frentes debían estar atentos para recibir las instrucciones de Jojoy, siempre impartidas a través de Andrea. Algunos días, por problemas meteorológicos o por presión de operaciones militares, no había comunicación. Sin embargo, la orden de los frentes era permanecer atentos, en las horas indicadas, en una frecuencia HF —de alta frecuencia u onda corta— previamente determinada, para recibir las órdenes o responder las preguntas de su jefe.

Conectados los operadores en una frecuencia común, Andrea iba pasando a cada una de ellos a una segunda frecuencia, en la que se comunicaban individualmente, de manera que las instrucciones dadas a un frente no las conocían los demás que estaban en el programa. Las comunicaciones no eran en lenguaje directo sino cifrado, utilizando claves y códigos para burlar cualquier posible interferencia.

Teniendo en cuenta esta forma de operación en las comunicaciones, la propuesta del grupo del mayor Dávila era penetrar y aislar las comunicaciones de la India, la operadora de César en el frente primero, haciéndole creer que hablaba con Andrea, la operadora del Mono Jojoy, y ordenarle que cambiara a otra frecuencia, desde la cual, en adelante, y sin saberlo, se comunicaría con una Andrea falsa, que realmente sería una agente de inteligencia del Ejército. Como en el programa radial intervenían los operadores de otros cuatro frentes, había que recrear también sus voces, para que la India creyera que la situación era completamente normal.

En cuanto a la Andrea real, la operadora del Mono Jojoy, en el momento en que la India quedara aislada por el engaño electrónico, aparecería en su frecuencia una India falsa, también agente del Ejército, que debía recibir y responder sus mensajes.

En síntesis, la India, que era la voz de César, creería que recibía instrucciones de Andrea —es decir, de Jojoy— y que estaba comunicada, en la frecuencia de encuentro, con los operadores de otros cuatro frentes, pero en verdad estaría recibiendo órdenes de una Andrea falsa, del Ejército Nacional, y comunicada con falsos operadores que suplantaban a los de los demás frentes que participaban en el programa. Por su parte, Andrea, la verdadera vocera del Mono Jojoy, pensaría que estaba dando instrucciones a la India, la operadora de César, pero en realidad estaría hablando con una India falsa, también del Ejército.

Dos factores jugaban a favor de este engaño: primero, que el continuo hostigamiento militar hacia las FARC y sus cabecillas había generado una difícil situación de comunicaciones entre los diversos frentes, lo que hacía más factible implementarlo sin que lo descubrieran; segundo, que las órdenes en la guerrilla, transmitidas a través de las operadoras, no tenían discusión. Lo que mandaba un comandante se ejecutaba sin chistar ni preguntar razones.

La operación propuesta era, sin duda, riesgosa y delicada. Exigía una preparación y una ejecución milimétricas, pues, de ser descubierta en cualquiera de sus etapas, significaría la pérdida del trabajo de años para interceptar y desencriptar las comunicaciones de la guerrilla. Sin embargo, de salir bien, se convertiría en una ventana hacia la liberación de los secuestrados.

¿Qué se necesitaba para llevar a cabo el engaño electrónico? Primero, conseguir las personas idóneas para que suplantaran las voces, y hasta las personalidades, de Andrea y la India, así como las cuatro que suplantarían —en un nivel menos complejo— a los operadores de los otros frentes que también se conectaban al programa de comunicaciones. Segundo, hallar un lugar que tuviera las características de ruido, eco e interferencias de la selva, para realizar las operaciones de intrusión y suplantación desde allí. Tercero, vincular otras estaciones de inteligencia técnica en el país para que controlaran el espectro electromagnético del Bloque Oriental de las FARC en todas las gamas de frecuencia, con el fin de verificar que el engaño no se descubriera. Cuarto, encontrar el momento ideal, cuando Andrea no estuviera en el aire, para efectuar la intrusión y hacer que la India cambiara de frecuencia.

Había que controlar muchísimos factores, pero la faena era posible. Tenían los medios tecnológicos y el personal capacitado, además de un completo equipo de criptoanalistas y analistas en todo el país. Basado en estos elementos, el coronel Olano, después de un largo análisis con sus hombres, dio la orden de asumir el riesgo y comenzar la operación de intrusión y suplantación de las estructuras de comunicaciones del Mono Jojoy y de César. ¡La jugada maestra estaba en marcha!

CAPÍTULO IV

"Unas señoras virtuosas de la provincia cundinamarquesa"

Entre el 21 de abril y el 5 de mayo de 2008 los hombres de la inteligencia técnica del Ejército se dedicaron a perfeccionar el plan y a conseguir el personal y los elementos requeridos. Había que seleccionar y capacitar a dos mujeres con la voz y las características adecuadas para suplantar la identidad de Andrea y la India, así como a los otros cuatro operadores a nivel nacional para que hicieran las voces de los demás frentes conectados. Había que conseguir un sitio que reuniera condiciones ideales para reproducir una comunicación en la selva, donde no se oyeran los sonidos de la civilización pero cerca de Bogotá, para mayor facilidad operativa. Había que preparar todo el tinglado de mensajes, respuesta de mensajes, manejo de tablas, códigos y frecuencias para mantener una comunicación fluida una vez realizada la intrusión.

Se reclutó para la tarea a los dos mejores criptoanalistas de la central de inteligencia en Colombia y ellos mismos, que llevaban años escuchando y descifrando las comunicaciones de la guerrilla, ayudaron a buscar entre las mujeres que trabajan en la central de inteligencia las que pudieran servir para hacer las voces de Andrea y la India. Dos funcionarias que cumplían tareas administrativas fueron las escogidas, porque tenían el timbre y tono de voz más parecidos a los de las guerrilleras. Se les explicó su misión y aceptaron sin problema. Eran mujeres sencillas, como lo eran también las mismas operadoras en la selva, esposas y madres que accedieron a entregarse en cuerpo y alma a su tarea todos los días de la semana, desde la madrugada hasta entrada la noche, en circunstancias muy difíciles, con el único estímulo de ayudar a liberar a los secuestrados

El presidente Uribe, que las conoció después de finalizada la operación, las describió en un discurso el 7 de agosto de 2008 con las siguientes palabras:

> Cuando nos fueron a explicar la Operación Jaque, vi a unas señoras virtuosas de aquí de la provincia cundinamarquesa. ¡Quien las ve! Me saludaron allá en un tonito, el más humilde del mundo. ¿Saben qué hacen? Tienen una inteligencia enorme, hablan con una voz delgadita, son así chiquitas como yo, más delgaditas, y hay que verles la simpleza. Esas compatriotas de la provincia cundinamarquesa han manejado la inteligencia en estas operaciones.

A estas dos mujeres se les entrenó para manejar la voz y se les enseñó la forma en que se hacían las comunicaciones, cómo hablaban y qué decían las operadoras de la guerrilla. Porque la suplantación implica mucho más que imitar una voz o un acento. Hay que compenetrarse con la personalidad de quien se suplanta, pensar como él, sentir como él, conocer sus antecedentes y su modo de reaccionar.

Para los operadores de los otros cuatro frentes se requerían dos mujeres y dos hombres. Con los últimos no hubo problema, pues rápidamente se encontraron criptoanalistas del equipo de inteligencia con sus características de voz y tono. Pero no fue fácil hallar otras mujeres. Entonces dos suboficiales de inteligencia, que eran radioaficionados y se comunicaban por radio con sus esposas cuando estaban ejecutando alguna misión, dijeron que sus señoras podían representar esos papeles. No eran personas entrenadas, pero tenían toda la disposición para ayudar en la misión, así que terminaron incorporándose al grupo, contando siempre con la asesoría de sus propios esposos.

Quedaba por establecer el sitio de transmisión. Luego de una búsqueda intensiva, se alquiló un pequeño terreno en un cerro alejado, a una hora y media de Bogotá. Después del recorrido en carro, había que subir a pie una empinada ladera durante cerca de 45 minutos. No era un lugar de fácil acceso pero cumplía con los requisitos de aislamiento y de sonido ambiental para imitar las características de la selva.

Preparado el personal, los radios de transmisión y los equipos de apoyo, y seleccionado el lugar para lanzar el engaño, se dispuso que la operación de inteligencia electrónica empezaría el 6 de mayo.

CAPÍTULO V

La gruta del Divino Niño

MONTAÑAS DE CUNDINAMARCA, MARTES 6 DE MAYO DE 2008
(UN MES Y VEINTISÉIS DÍAS ANTES DE LA OPERACIÓN JAQUE)

Las dos operadoras, el capitán que siempre estuvo en el planeamiento de la operación y dos suboficiales expertos en criptoanálisis salieron a las cuatro y treinta de la mañana hacia una pequeña población de Cundinamarca; a las cinco y cuarto llegaron a la base de la montaña, y desde allí comenzaron el ascenso a la estación.

El frío y la lluvia eran pertinaces y la pequeña trocha que subía hacia la cima estaba convertida en un rodadero de lodo. Las señoras, que no estaban acostumbradas a este tipo de operaciones de campo, llevaron zapatos con tacón, que se les enterraban y las obligaban a aferrarse de las ramas para no resbalarse. La situación era dramática y al mismo tiempo risible, pero ni el clima ni el barro los amilanaron.

Cuando iban a tres cuartos de camino y pararon un momento a descansar, se dieron cuenta de que a mano derecha había una pequeña gruta. Los cinco se miraron con un mismo pensamiento y decidieron que, en adelante, ésta sería su gruta del Divino Niño[10], que los guiaría y les daría fuerzas en la difícil misión que estaban a punto de acometer. Se comprometieron a llevar al día siguiente una imagen del Niño Jesús para levantar su improvisado altar. Después de limpiar un poco el lugar, siguieron camino hasta alcanzar una casa campesina, la última antes de llegar al sitio escogido para instalar la estación.

Se trataba de una humilde vivienda, de la que salió una anciana campesina, que, al verlos mojados y embarrados, les ofreció, con natural generosidad, algo caliente para tomar. Ellos, que estaban vestidos de civil, le dijeron que trabajaban para una compañía de telecomunicaciones y que iban a estar unas semanas en el terreno de arriba haciendo pruebas para establecer la calidad de la señal en la zona. Esa fue la fachada que mantuvieron por casi dos meses.

Finalmente llegaron a la cima del cerro, a unos 2.900 metros sobre el nivel del mar, y entre todos armaron una estación improvisada con tablas y plásticos, igual a las de los guerrilleros en la selva; instalaron pequeñas carpas, prendieron los radios en las frecuencias indicadas y empezaron su trabajo de estar atentos a las comunicaciones de Andrea, la operadora del Mono Jojoy con la India, y la operadora de César.

A partir de entonces, y durante dos semanas más, la rutina fue siempre la misma. Llegaban a la estación en la montaña antes de las seis de la mañana, a menudo con temperaturas bajo cero, y comenzaban a estudiar todo lo que se presentaba en las comunicaciones: a qué horas salía Andrea al aire, cómo llamaba a los frentes para conectarlos al programa común, cuáles eran las respuestas, cuál era la actitud. Durante ese tiempo, las dos mujeres tomaron más confianza para realizar sus papeles, oyendo y familiarizándose con las voces de las operadoras que

10. En Bogotá y el centro del país hay una especial devoción por una imagen del Niño Jesús de Praga, ubicada en la iglesia del 20 de Julio, un populoso barrio de la capital.

suplantarían. Los criptoanalistas, a su vez, ensayaban los tiempos para descifrar los mensajes y encriptar las respuestas.

Después de bajar del cerro, al final de la tarde, se dirigían a la central de inteligencia técnica donde analizaban lo escuchado y lo practicado ese día, los avances en la confianza de las dos operadoras que harían la suplantación y la agilidad de respuesta de los criptoanalistas. Los mensajes tardaban en descifrarse entre quince minutos y una hora, y las respuestas demoraban un lapso similar para pasarse a los códigos de la guerrilla, dependiendo de su complejidad; lo mismo tardaban en las FARC. Cada día había una cosa que resaltar y todos sentían que estaban listos para entrar en acción.

Entre tanto, la Operación Elipse para ubicar a los guerrilleros y los secuestrados seguía su curso en el área del Guaviare, y el coronel Olano, que asistía a diario a las reuniones del Comando Conjunto de Operaciones Especiales, se enfrentaba a la exigencia cada vez mayor de resultados por parte de la inteligencia, que no estaba en capacidad de entregar.

La presión por avances era fuerte, más aún porque se mantenían tropas en la zona. Olano decidió no comentar nada sobre la operación de engaño electrónico que estaban planeando hasta tanto no se hubiera realizado una suplantación —es decir, el envío de una orden falsa que cumpliera su destinatario— con éxito. Si todo salía bien, podría reportar a sus superiores que se encontraban en una posición de privilegio para influir en las decisiones del cabecilla del frente que tenía a los secuestrados.

Si la operación fracasaba, en cambio, porque el intento de intrusión era descubierto por la guerrilla, sería un golpe muy duro, y su equipo se vería obligado a rehacer una tarea de meses de desciframiento de códigos e identificación de frecuencias. Pero sería un golpe que asumirían ellos solos, sin haber creado expectativas entre sus superiores. Por eso prefirió avanzar discretamente y aguantar con estoicismo la presión de los mandos que demandaban mayores aportes de inteligencia para la continuación de la Operación Elipse.

El coronel sabía que era cuestión de días. Pronto llegaría la oportunidad para poner en práctica lo que por tantas horas habían planeado.

CAPÍTULO VI

"¿El frente primero está en sintonía?"

MONTAÑAS DE CUNDINAMARCA, JUEVES 29 DE MAYO DE 2008
(UN MES Y CUATRO DÍAS ANTES DE LA OPERACIÓN JAQUE)

—¡Vamos a entrar!

La voz decidida del capitán era el detonante para que una de las dos operadoras de la inteligencia del Ejército, que había esperado por más de tres semanas el momento oportuno para hacer la intrusión en las comunicaciones de las FARC, se ubicara en la frecuencia de encuentro e invitara a la comunicación a los operadores de cinco frentes de la guerrilla, incluido el primero.

Habían transcurrido tres días sin que Andrea, la operadora del Mono Jojoy, saliera al aire. Cuando esto ocurría, los operadores de los frentes dejaban sus radios prendidos a las horas pactadas —en la mañana, al mediodía y a la media tarde— a la espera de la comunicación y, si no había contacto en diez minutos, los apagaban hasta el próximo programa.

El motivo de este largo silencio era una ofensiva militar que se estaba realizando en esos días contra el Mono Jojoy en inmediaciones del río Guayabero, en el departamento del Meta, que lo había obligado a desplazarse y a suspender sus comunicaciones por radio. La ocasión no podía ser mejor. La falsa Andrea, aprovechando la ausencia de la real, estaba lista para comenzar el programa y hacerse pasar, por primera vez, como la operadora de Jojoy.

—¡Ahora! —insistió el capitán.

La mujer tomó aire con resolución y empezó a llamar, uno por uno, a los cinco frentes que estaban en la frecuencia, listos para el programa del mediodía.

—¿El frente primero está en sintonía?

—Sí.

—¿El décimo?

—Sí.

—¿El 28?

—Sí.

—¿El 38?

—Sí.

—¿El 56?

—Sí.

Todos se reportaron sin novedad ante el llamado de la falsa Andrea, incluida la India desde el frente primero. ¡Ya estaban adentro! El momento era crucial, cualquier duda en alguno de los cinco operadores sobre la identidad de Andrea haría caer toda la operación.

La falsa Andrea, según lo planeado, le ordenó a la India pasar a otra frecuencia para darle sus instrucciones particulares. Una vez aisladas de los demás frentes, le indicó que, a partir del día siguiente, el encuentro se haría en una frecuencia diferente. Como siempre, la comunicación se hacía en una mezcla de castellano normal y códigos cifrados.

El momento era muy emotivo en la estación de la montaña. La adrenalina estaba al máximo nivel. Si la India encontraba algo sospechoso en la forma en que la falsa Andrea le daba la instrucción, en su voz, su tono o los códigos enviados, no sólo las últimas semanas, sino los últimos años de trabajo, podían irse por la borda.

Pero todo ocurrió con completa normalidad. La falsa Andrea volvió a la frecuencia común de encuentro, recibió reportes sin novedad de los demás operadores y dio por terminada la comunicación.

Era un hecho. La primera fase de intrusión estaba cumplida, y la India, es decir, César y el frente primero, se comunicaría en adelante a través de una frecuencia aislada, donde recibiría instrucciones de la falsa Andrea, creyendo que venían del Mono Jojoy. Pero venían de parte de su mayor enemigo: el Ejército de Colombia.

Así mismo, cuando la India se comunicara en el programa común con la falsa Andrea, encontraría, en la nueva frecuencia asignada, a los supuestos operadores de los otros cuatro frentes. Serían dos hombres y dos mujeres, esposas de suboficiales del Ejército, que, desde diversos lugares de Colombia, cumplían el papel de hacer creer a la India que también los habían trasladado a la nueva frecuencia de encuentro y que las cosas seguían su curso normal.

En cuanto a la verdadera Andrea, pocos días después, cuando el grupo del Mono Jojoy tuvo un momento de respiro en medio del hostigamiento militar, entró de nuevo a la comunicación y pidió el reporte de los cinco frentes. Pero esta vez no encontró en el frente primero a la India original —que estaba aislada en un escenario de comunicaciones suplantadas— sino a la falsa India, que operaba desde la estación de la montaña, cerca de algún pueblo de Cundinamarca. Y tampoco hubo problema. Andrea siguió su programa sin sospechar nada.

La intrusión estaba completa. En adelante, Andrea —la de Jojoy— daría sus instrucciones a la falsa India —la del Ejército—, y la India —de César— recibiría sus órdenes de una falsa Andrea —también del Ejército.

El siguiente paso era comprobar que el engaño estuviera completo. Para ello, la falsa Andrea debía darle alguna orden o hacerle alguna petición a la India, para verificar si ésta se cumplía sin problema. Si esto ocurría, habrían pasado a una segunda fase, la más avanzada y compleja en la teoría del engaño electrónico: la suplantación.

CAPÍTULO VII

"¿Cómo está la carga?"

MONTAÑAS DE CUNDINAMARCA, SÁBADO 31 DE MAYO DE 2008
(UN MES Y DOS DÍAS ANTES DE LA OPERACIÓN JAQUE)

Los analistas y criptoanalistas, de acuerdo con el coronel Olano y el mayor Dávila, habían elaborado un mensaje que serviría para probar la contundencia de la suplantación y, al mismo tiempo, para obtener información concreta sobre los secuestrados.

Fue así como el 31 de mayo la falsa Andrea inició su programa de la manera habitual, con la India, del frente primero, y con los otros cuatro operadores que suplantaban a los de los otros frentes participantes. Le ordenó a la India saltar a una frecuencia privada y le transmitió el siguiente mensaje de parte del Mono Jojoy para César:

"¿CÓMO ESTÁ LA CARGA? ¿CÓMO LA TIENE DISTRIBUIDA? ¿QUÉ CONDICIONES TIENE PARA RECIBIR UNA COMISIÓN INTERNACIONAL?".

Esa era la prueba de fuego para saber si César había caído en el engaño. Su respuesta sobre la suerte de "la carga", que es como los guerrilleros se refieren a los secuestrados, determinaría qué tanta confianza tenía el cabecilla en su conducto de comunicaciones con el jefe del Bloque Oriental.

Todos estuvieron pendientes en el programa de la media tarde a ver si salía la India a reportar alguna respuesta, pero no hubo comunicación con el frente primero. Esperaron incluso hasta las cinco de la tarde, por si había una respuesta tardía, pero no obtuvieron nada. Sólo silencio.

La zozobra se apoderó del grupo. ¿Habría fallado algo? ¿Algún código errado o algo en la conducta de la operadora los había delatado? ¿Se habían apresurado a preguntar algo muy concreto y delicado? Esa noche, en la reunión habitual en la central de inteligencia, el nerviosismo era general, pero no les quedaba otra cosa que esperar.

Domingo 1º de junio

(UN MES Y UN DÍA ANTES DE LA OPERACIÓN JAQUE)

En la madrugada del 1º de junio, las operadoras y los criptoanalistas subieron a su estación del cerro, no sin antes orar y encomendarse a Dios en la gruta del Divino Niño. Pasó el programa de la mañana, con buena señal y buen tiempo, pero otra vez no hubo contacto de parte del frente primero. La tensión crecía a cada momento.

Finalmente, en el programa del mediodía, veinticuatro horas después de la formulación de las preguntas, la falsa Andrea dio cambio a la India y ésta apareció para transmitirle una respuesta que alivió a todos los participantes en la misión:

"CAMARADA JORGE[11], NUESTRO SALUDO. LA CARGA ESTÁ BIEN. ESTÁ DISTRIBUIDA. UNA GUERRILLA EN EL INÍRIDA, SITIO NÁPOLES; OTRA EN CARURÚ HACIA ABAJO, Y LA OTRA ENTRE EL JIRISA Y EL ITILLA".

---

11. El nombre real de alias Mono Jojoy es Jorge Briceño Suárez.

Terminada la comunicación, los hombres de inteligencia consultaron la carta geográfica con la que hacían seguimiento a la operación y verificaron que la ubicación de los secuestrados concordaba con las rutas que habían establecido desde cuando los separaron el 20 de marzo. Había un grupo en el área del río Inírida, por Puerto Nápoles, que era la zona de influencia de la compañía de Reinaldo. Otro estaba en Carurú, que era el área de Urías, también cabecilla de compañía, y otro por los lados del río Itilla, cerca de Puerto Varado, que era la región donde se movía César. Esto hacía pensar que Enrique Gafas había llevado su grupo, el que tenía a los rehenes de mayor valor estratégico, hasta el control de su jefe directo.

Esa noche, cuando se reunieron los que transmitían en la estación de la montaña con el grupo de coordinación en la central de inteligencia técnica, estaban todos exultantes. No sólo habían logrado una suplantación exitosa, sino que habían confirmado, con datos precisos, la ubicación de los tres grupos de secuestrados.

Decidieron preparar un segundo mensaje para el día siguiente, que confirmara su control sobre la situación.

Lunes 2 de junio

(UN MES EXACTO ANTES DE LA OPERACIÓN JAQUE)

La falsa Andrea envió el mensaje al frente primero, otra vez en el programa del mediodía, con el estilo preciso y escueto en que se manejaban las comunicaciones entre los guerrilleros, siempre utilizando códigos cifrados:

"ESTAMOS BIEN Y NOS ALEGRA QUE POR ALLÁ TAMBIÉN. REÚNA TODA LA CARGA. CREE TODAS LAS CONDICIONES PARA RECIBIR UNA COMISIÓN INTERNACIONAL EN UN SITIO SEGURO. CUANDO ESTÉ LISTO, COMUNIQUE. SALUDOS, JORGE".

Por esa época, en los medios de comunicación se especulaba mucho sobre el estado de salud de Íngrid Betancourt. La portada de la revista *Semana*, en su edición del 31 de marzo, traía una frase elocuente que reflejaba la preocupación de muchos: "Íngrid se apaga". Incluso circularon rumores de que la excandidata había muerto en cautiverio. El defensor del Pueblo, Vólmar Pérez, había dado una declaración que aumentaba la zozobra sobre su condición: "Alguien me dijo que sus características físicas no distan mucho de las de los niños de Somalia".

El presidente de Francia, Nicolás Sarkozy, temiendo "un peligro de muerte inminente", había enviado a comienzos de abril un avión Falcon 50 de la Fuerza Aérea francesa, con equipo y personal especializado para el tratamiento de enfermedades tropicales; la aeronave estuvo varios días estacionada en la base aérea militar de Catam, en Bogotá, a la espera de alguna autorización de la guerrilla para poder prestar auxilio médico a Íngrid, en la misma selva si era necesario. Pero las FARC guardaron silencio y la misión humanitaria francesa regresó a Europa sin cumplir su objetivo.

Todos estos rumores, así como las gestiones fallidas de Francia, sirvieron como telón de fondo para que el grupo de inteligencia técnica del Ejército enviara la razón a César de que reuniera a los secuestrados y estableciera "las condiciones para recibir una comisión internacional en un sitio seguro". César pensaría, seguramente, que los miembros del secretariado habían accedido a la petición de Francia y que estaban preparando el terreno para una misión humanitaria como la enviada por Sarkozy. El mensaje, en ese sentido, tenía toda la credibilidad. De algún modo, repetía el esquema operacional de las dos liberaciones unilaterales anteriores, cuando se pidió a los respectivos encargados de los secuestrados que los ubicaran en un sitio seguro donde pudieran llegar helicópteros.

Era una apuesta fuerte para obligar a César a reunir de nuevo los tres grupos de secuestrados. Y pronto se dieron cuenta de que habían apostado bien. Esa misma tarde, en comunicaciones internas interceptadas entre César y sus subalternos, se pudo establecer que, a las pocas horas de recibir el falso mensaje, empezó a coordinar la movilización de los secuestrados para volver a ubicarlos en un mismo lugar. No tenía otro camino. En las FARC, las órdenes son irrefutables.

Mientras todo esto ocurría, el Comando Central de Operaciones Conjuntas, ignorante de la exitosa suplantación lograda por la inteligencia, continuaba la búsqueda de los rehenes en el terreno, en desarrollo de la Operación Elipse. Esto presentaba un obstáculo potencial para el plan de engaño que se estaba llevando a cabo. De hecho, el coronel Olano y el mayor Dávila se habían enterado esa semana de que una operación militar se encaminaba hacia una de las rutas de desplazamiento de los secuestrados. Si se llegaba a producir un ataque o un enfrentamiento, la guerrilla entraría en alarma y se alejaría con los rehenes, en lugar de cumplir con la falsa instrucción de reunirlos en un sitio seguro.

La inteligencia había avanzado mucho camino sola. Había llegado la hora de comunicar los importantes avances a sus superiores para que los autorizaran a pasar a una fase más avanzada, y para evitar que las operaciones militares en la zona echaran a perder el engaño.

CAPÍTULO VIII

"¡Me les quito el sombrero!"

BOGOTÁ, MARTES 3 DE JUNIO DE 2008
(VEINTINUEVE DÍAS ANTES DE LA OPERACIÓN JAQUE)

A las seis y quince de la mañana ingresaron el coronel Fernando Olano, jefe de inteligencia técnica; el mayor Gonzalo Dávila, comandante de la sección de analistas, y el capitán que había liderado el puesto de transmisión en la montaña, al despacho del brigadier general Ricardo Díaz, director de inteligencia del Ejército.

—Mi general —comenzó el coronel Olano—, necesito que nos escuche porque ya hemos avanzado en las órdenes e instrucciones recibidas de adelantar una operación especial, y yo creo que estamos bien encaminados y que hemos logrado una gran parte de lo que nos propusimos.

El general Díaz los invitó a pasar a la sala de conferencias, y una vez allí le hicieron una completa presentación de todo lo avanzado en las fases de intrusión y suplantación en las comunicaciones del jefe del Bloque Oriental con el cabecilla del frente primero.

El alto oficial se sorprendió ante los mensajes que ya se habían transmitido y los buenos resultados que se estaban alcanzando.

—Ésta puede ser la única oportunidad que tengamos de recuperar pronto a los secuestrados —anotó, y decidió ir, de inmediato, con el grupo de inteligencia técnica, a informar sobre la situación al general Mario Montoya, comandante del Ejército.

El general Montoya los recibió a las siete y treinta de la mañana. Los hombres de inteligencia estaban orgullosos de los logros que le iban a mostrar pero, al mismo tiempo, temían que se disgustara por haber llegado tan lejos sin su autorización previa. "Además —reflexionaba el general Díaz con sus subalternos—, en el punto en que estamos, esta operación ya no tiene reversa".

—Mi general —expuso Díaz ante el comandante del Ejército, con las cartas geográficas y los documentos de la operación sobre la mesa de juntas—, usted nos había ordenado iniciar un trabajo estratégico que tuviera un sustento suficiente para darles un golpe importante a las FARC. Tenemos una operación especial en desarrollo, y vamos a necesitar su apoyo para frenar unas operaciones militares que se están realizando en el área donde tenemos determinada la reubicación de los secuestrados.

A continuación, el coronel Olano repitió la exposición, mientras los miembros de su grupo auscultaban la reacción del general Montoya. Éste trajo una agenda y comenzó a tomar notas, lo que tranquilizó a sus interlocutores. "¡Le gustó!", pensó el mayor Dávila. Además, Montoya había sido director de inteligencia del Ejército y había hecho su carrera en la fuerza dentro de esa especialidad, por lo que entendió muy rápido la importancia del tema, y principió a hacer preguntas y recomendaciones para la continuación de la operación.

Al terminar Olano su presentación, el general Montoya les dijo, entusiasmado:

—Ustedes son lo mejor. ¡Me les quito el sombrero! ¡Lo que hicieron es una verraquera! ¡Esto hay que sacarlo adelante!

Los hombres de inteligencia respiraron aliviados.

—¿Qué nombre tienen para la operación? —inquirió Montoya.

No tenían un nombre definitivo todavía, pues siempre hablaban del "engaño", utilizando la jerga de su especialidad.

—Vamos a ver... La vamos a realizar en julio, luego el nombre debe comenzar por "J". Además, es una jugada maestra que, si nos sale bien, va a poner a las FARC contra la pared. Así que la vamos a llamar Jaque, ¡Operación Jaque! —sentenció el general Montoya.

A todos les gustó la palabra, que evocaba el juego ciencia por excelencia y era un perfecto resumen de las virtudes de lo que venían haciendo: estrategia e inteligencia. Le insistieron al general sobre la urgencia de parar las operaciones militares sobre la zona de los secuestrados.

—Eso tenemos que hablarlo con mi general Padilla —les dijo Montoya—. Yo ahora voy para una ceremonia en la Escuela Militar donde él va a estar también. Allá los espero para explicarle la situación.

El general Freddy Padilla de León, comandante general de las Fuerzas Militares, era quien tenía la autoridad sobre las operaciones tendientes al rescate de los secuestrados, una prioridad del gobierno nacional y del Ministerio de Defensa.

Fue así como en la Escuela Militar de Cadetes, después de la ceremonia y la recepción de rigor, se organizó la presentación de la operación en un salón pequeño del casino de oficiales. Como se trataba de la reubicación de los secuestrados, un objetivo considerado como de alto valor para las Fuerzas Militares, el general Padilla hizo venir a la reunión al almirante David René Moreno, jefe del estado mayor conjunto; al general Carlos Suárez, el general Gustavo Matamoros y el general Tito Pinilla, integrantes de la Junta de Operaciones Especiales Conjuntas.

También estuvo presente el coronel Eduardo Navas[12], jefe de inteligencia humana del Ejército. Él y el coronel Olano eran los principales responsables por la producción de inteligencia en el Ejército, cada cual en su área, bajo el mando del general Díaz.

El general Montoya presentó brevemente el tema y pasó la palabra al coronel Olano, quien por tercera vez en ese día, hizo una detallada presentación. Algunos de los asistentes manifestaron cierto escepticismo o preocupación, sobre todo porque era algo que no se había hecho antes y temían que se generara algún riesgo para los secuestrados. El general Montoya y el general Díaz, por su parte, apoyaban con entusiasmo la operación de inteligencia, dados los avances que se habían logrado.

La reacción del general Padilla, quien también es especialista en inteligencia, no dejó lugar a dudas. Le dijo al general Montoya:

—Mario, definitivamente la inteligencia que tú y yo hicimos fue muy distinta. Hoy contamos con una gran capacidad.

Luego se volteó hacia donde estaban los hombres de inteligencia del Ejército, les hizo una venia y les dijo:

—Para ustedes, mi reconocimiento. Esto es un trabajo de admirar. ¡Los felicito!

La discusión sobre los detalles de la operación siguió un tiempo más, volviendo sobre los reparos o inquietudes que presentaban algunos altos oficiales.

—Yo la veo bien —concluyó Padilla, dando por zanjado cualquier debate—. El plan está bien elaborado y puede funcionar. Sigan adelante, y me están informando constantemente qué es lo que se está transmitiendo, cómo van los secuestrados, cómo va el desplazamiento.

---

12. Nombre ficticio para proteger la identidad del oficial de inteligencia.

Aprovechando que en la reunión estaba el jefe de operaciones conjuntas, el general Padilla dio en el acto la orden de suspender operaciones en el área de los secuestrados, para facilitar su reubicación y unión.

En adelante, los generales Padilla, Montoya y Díaz estuvieron al tanto de todos los avances y supervisaron cada detalle de la operación, que se convirtió en la más importante, pero también la más confidencial, de todas las que se efectuaban en el extenso territorio nacional.

CAPÍTULO IX
"¡Entebbe!"

MARTES 3 DE JUNIO DE 2008
(VEINTINUEVE DÍAS ANTES DE LA OPERACIÓN JAQUE)

Con el aval del alto mando, los oficiales de inteligencia retornaron a la misión. En los días que siguieron no hubo mayores informes de la India respecto a las tareas asignadas. En cada programa ella salía a la comunicación y se reportaba sin ningún comentario, lo que implicaba que no había dudas y que estaban avanzando, según las instrucciones, en la tarea de trasladar a los secuestrados.

Las comunicaciones interceptadas entre César y algunos de sus jefes de compañía, como Urías y Reinaldo, en cuyas áreas estaban dos grupos de rehenes, y entre aquéllos y milicianos y vigías dispersos en la zona, daban cuenta de que el frente primero trabajaba afanosamente en la exploración y verificación de la seguridad de las rutas para movilizarlos y el lugar para reunirlos.

De todos los mensajes escuchados, el que más tranquilizó a los analistas de inteligencia sobre el buen desarrollo del engaño tuvo lugar el mismo día de la reunión en la Escuela Militar.

La lacónica orden de César a su subalterno Urías, escuchada a través de una débil señal de radio, era contundente:

"COORDINE CON REINALDO Y JÚNTENLOS. FIRMA CÉSAR".

Ya no quedaba duda: los guerrilleros habían mordido el anzuelo.

Montañas de Cundinamarca, miércoles 11 de junio

(VEINTIÚN DÍAS ANTES DE LA OPERACIÓN JAQUE)

El coronel Olano informaba al general Díaz a diario sobre los avances, y ambos le reportaban al general Montoya, quien estaba pendiente de la evolución de la operación. Con él discutieron los mensajes que debían enviar tan pronto se cumpliera el tiempo prudencial para que los tres grupos estuvieran en camino. Serían largas marchas para los secuestrados. No más los grupos de Urías y de Reinaldo estaban distanciados unos 150 kilómetros entre sí. Con base en los mensajes que se iban interceptando, los analistas señalaban en un mapa las posibles rutas de desplazamiento.

Pasada más de una semana desde la última supuesta instrucción de Jojoy a César, a través de la falsa Andrea, el general Montoya y los oficiales de inteligencia decidieron que había llegado el momento de dar un paso más. El 11 de junio, en el programa del mediodía, se le dictó a la India el siguiente mensaje, como siempre cifrado:

"MANTENGA EN SECRETO EL PLAN LE DECIMOS. NO INCLUYA GENTE QUE NO ESTÉ BAJO SU MANDO. ¿CÓMO VA TODO? SALUDOS, JORGE".

El objetivo concreto del mensaje, además de averiguar, por boca de César, cómo iba el proceso de reagrupamiento de los secuestrados, era impedir que el cabecilla del frente primero, al que tenían aislado de sus comunicaciones con Jojoy, fuera a mencionar movimientos a otros frentes, como el séptimo a cargo de Gentil Duarte, lo que pondría en peligro toda la operación. La orden impartida a través de la falsa Andrea tenía un solo significado: "No diga nada, únicamente hable conmigo".

Ese mismo día, en el programa de la media tarde, se envió otro mensaje de seguimiento al mismo César:

"SU MISIÓN ES GARANTIZAR LA VIDA DE LOS PRISIONEROS. NO PODEMOS COMETER ERRORES COMO LOS DEL VALLE. EL DÍA DE LA VISITA HÁGALES UNA COMIDA ESPECIAL. QUE TENGAN BUZOS BLANCOS CON MENSAJES DEL INTERCAMBIO. MOTÍVELOS. PREPARE UN COMUNICADO PARA ESA VISITA. SALUDOS, JORGE".

Por esos días, el excongresista Luis Eladio Pérez, a quien las FARC habían liberado en febrero, declaró en varios medios de comunicación que tenía información acerca de que liberarían a otros cuatro secuestrados. Incluso dijo que ya estaban "caminando hacia la libertad". No obstante, nadie en el gobierno de Colombia, ni en el de Venezuela, conocía de tal posibilidad, que ilusionaba a los familiares. Teniendo en cuenta este rumor, que podía complicar las cosas, se consideró necesario enviar el segundo mensaje a César, para que entendiera que sus órdenes seguían inalteradas y que debía avanzar en otros aspectos relativos al recibimiento de la supuesta comisión.

Lo de la comida "especial" correspondía a las instrucciones que había dado Jojoy desde el año anterior, para que no volvieran a presentar a los secuestrados en las malas condiciones en que los mantenían, como había ocurrido en las pruebas de supervivencia. Con la orden de conseguir los buzos blancos y redactar un comunicado, por otro lado, se repetía el esquema de las liberaciones anteriores y, algo muy importante, se mantenía ocupado a César.

Bogotá, Comando General de las Fuerzas Militares

Esa misma tarde, el general Mario Montoya, comandante del Ejército, quien había participado en la revisión de los mensajes enviados, programó una nueva reunión de coordinación, esta vez en el despacho del general Freddy Padilla de León, comandante general de las Fuerzas Militares, para definir el curso de acción.

Estuvieron presentes —además de los dos altos mandos— el general Díaz, director de inteligencia del Ejército; el coronel Olano, jefe de inteligencia técnica; el coronel Navas, jefe de inteligencia humana; el mayor Dávila, y el capitán que coordinaba la operación en la estación de la montaña.

El entusiasmo de los comandantes era evidente ante el buen avance de la operación. El general Padilla preguntó:

—Bueno, ¿y cuál es el plan que vamos a ejecutar cuando tengamos a los secuestrados reunidos en un solo lugar?

El general Díaz rompió el silencio con una sola palabra, que pronto repitieron, con signos de asentimiento, varios de los presentes:

—¡Entebbe!

Hacía referencia a una de las operaciones de rescate más famosas de los últimos tiempos, efectuada en la ciudad de Entebbe, Uganda, el 3 de julio de 1976. Ese día, comandos armados israelíes simularon una caravana presidencial para tomarse por asalto el aeropuerto y liberar, en menos de una hora, a los pasajeros de un avión de Air France secuestrado por terroristas del Frente Popular para la Liberación de Palestina (FPLP).

Esa operación se había convertido, desde entonces, en el paradigma de una maniobra de rescate audaz, basada en la sorpresa y la eficacia de las tropas. Sin embargo, tuvo un costoso saldo en vidas humanas. Murieron trece terroristas, treinta y tres soldados ugandeses, tres rehenes y un comando israelíes.

Todos entendieron la pertinencia de la referencia histórica, y concordaron en que el plan sería similar al de Entebbe en el sentido de buscar una fachada para entrar al corazón del territorio enemigo y sacar a los secuestrados en su poder, sin que se presentara riesgo para ellos.

El mayor Dávila, quien ya venía pensando en esta posibilidad desde hacía varios meses, propuso que crearan la fachada de una comisión humanitaria que, mediante algún engaño, sacara sanos y salvos a los rehenes de manos de sus captores.

—Sí, claro —asintió el general Padilla, pensativo—. Nosotros tenemos esa capacidad... Entonces, ¿quién va a encargarse de organizar esta operación?

El general Montoya respondió: "Lo haremos nosotros cuatro", refiriéndose a él mismo, al general Díaz, el coronel Olano y el coronel Navas, quien a partir de ese momento desempeñaría un papel fundamental en el manejo de la trama que se iba a montar para lograr la libertad de los secuestrados. En el equipo del coronel Olano, por supuesto, estaban incluidos el mayor Dávila y el capitán que trabajaba con él.

Padilla se volvió hacia Navas y le dio una instrucción específica:

—Usted, coronel, organice un grupo de personas que pueda desarrollar una operación de inteligencia de rescate.

Así terminó esta segunda reunión con una directriz muy concreta. Ya los guerrilleros estaban reuniendo a los secuestrados en un solo lugar. Ahora había que convencerlos de entregarlos.

Llegaba la hora del teatro.

Tercera parte

LA OBRA DE TEATRO

CAPÍTULO I

Moviendo piezas

Bogotá, oficinas de inteligencia,
jueves 12 de junio de 2008
(veinte días antes de la Operación Jaque)

El coronel Navas se sentó frente a su escritorio, con una pila de carpetas ante él. La noche anterior casi no había dormido pensando en la enorme responsabilidad que le había adjudicado el general Padilla al ponerlo al frente del desarrollo táctico del plan. Todavía no tenía clara la trama a través de la cual lograrían sacar a los secuestrados del medio de la selva, pero sí sabía que tenía que contar con el mejor equipo de hombres y mujeres de inteligencia para llevarla a buen puerto.

Esa era su especialidad: el manejo de la gente. Por eso, mientras el coronel Olano se movía como pez en el agua en su mundo de interceptaciones, frecuencias, códigos y mapas, su fuerte era el campo de la inteligencia humana, en el que no hay armas ni elementos tecnológicos. Sólo el hombre y su capacidad para engañar, infiltrar y suplantar al enemigo, como lo han hecho los mejores espías en el curso de la historia.

Con minuciosidad revisó las carpetas, que contenían los listados con los nombres y ubicación de los integrantes de la unidad de inteligencia en todo el país. Debía buscar a aquellos que tuvieran el perfil para conformar un grupo de fachada que entrara en contacto con la guerrilla y, de alguna manera, consiguiera la liberación de los rehenes.

Aparte de su capacidad y audacia como agentes de inteligencia, necesitaba personas que conocieran bien a las FARC, que hubieran estado alguna vez en contacto directo con los guerrilleros, para que no se asustaran ante su presencia, y que tuvieran el compromiso requerido para arriesgar sus vidas en aras de una justa causa.

El general Montoya le había recomendado incluir en la operación a un mayor que estaba destacado en otra ciudad, cumpliendo una misión estratégica, y Navas, que lo conocía, supo de inmediato que podía ser el indicado para comandar la misión en el terreno.

Además de él, decidió llamar a otros dos mayores de inteligencia y a dos sargentos de su unidad para conformar el estado mayor de planeamiento de la que iba a ser la operación más importante de su vida. En la medida en que el argumento del engaño se fuera definiendo, llamaría a un personal adicional hasta completar el grupo necesario para llevar a cabo la misión.

Varios escenarios posibles cruzaban por su mente para desarrollar en el momento en que los secuestrados estuvieran reunidos en un solo lugar. Eran los mismos planteados en borrador desde febrero por el grupo del mayor Dávila, y que éste y el coronel Olano habían ido perfeccionando al tiempo que realizaban el engaño electrónico.

El primero era la integración de una supuesta brigada médica, como la que Francia había enviado recientemente, que llegaría a la selva, con carácter humanitario, para revisar el estado de salud de los rehenes y tratar sus enfermedades más urgentes. Una vez allá, con los secuestrados a bordo de dos o tres helicópteros acondicionados con elementos de atención médica, podrían levantar vuelo y escapar, o desarrollar una operación de comando tipo Entebbe, utilizando armas escondidas en las aeronaves.

El segundo, que había esbozado el mismo general Montoya, consistía en conformar una supuesta misión humanitaria internacional para efectuar, con veeduría internacional, un traslado de los secuestrados con algún pretexto, ya fuera a un tercer país o a otro frente de la guerrilla.

Había un tercer escenario, que no le correspondía desarrollar a la unidad de inteligencia sino al comando de las Fuerzas Militares, que sería la constitución de un cerco militar alrededor de la zona en que se ubicaran los secuestrados, para obligar a César a una negociación bajo presión y sin posibilidades de escape.

En las dos primeras opciones se requeriría, además, montar una estratagema al más alto nivel que hiciera creer a los guerrilleros que había un acuerdo, así fuera secreto, entre el secretariado de las FARC, el gobierno nacional y algunos países garantes del proceso, para que se llevaran adelante las misiones humanitarias, sin que ellas supusieran una entrega definitiva de los secuestrados de mayor valor.

Sin duda, había mucho que pensar y mucho que planear. Con los hombres de confianza de su oficina, y siempre con el aval del general Montoya, quien firmó las órdenes para trasladar a la capital a los oficiales y suboficiales del Ejército que estaban destacados en otros sitios del país, el coronel Navas comenzó a mover las piezas de la operación táctica.

CAPÍTULO II

"¡Yo participo, señor!"

BOGOTÁ, MINISTERIO DE DEFENSA NACIONAL,
JUEVES 12 DE JUNIO DE 2008
(VEINTE DÍAS ANTES DE LA OPERACIÓN JAQUE)

El general Freddy Padilla de León entró con paso decidido al despacho del ministro de Defensa, Juan Manuel Santos.

—Ministro, vengo a informarle sobre una operación muy importante que estamos desarrollando para reubicar a los secuestrados —le dijo.

Santos lo invitó a sentarse en un sofá de su sala de recibo, y escuchó atentamente la exposición de Padilla, quien le explicó, paso a paso, los avances de la inteligencia militar y la operación que estaba en marcha.

El ministro no se sorprendió. Desde hacía varios días el general Mario Montoya le había contado sobre las acciones que se estaban desarrollando. Sin embargo, respetando el conducto regular, había esperado el informe oficial del comandante general de las Fuerzas Militares.

—Me gusta —le dijo al general, cuando éste terminó su presentación—. Sobre todo porque, en la medida en que la desarrollemos sin utilizar armas, no implicará ningún riesgo para los secuestrados. Además, es muy audaz. Recuerde lo que siempre les he dicho a los de inteligencia: "Hay que pensar lo impensable".

—¿Cuándo le contamos al presidente?

—Primero necesito las pruebas de que la operación está funcionando —dijo Santos—, aunque le puedo garantizar, conociéndolo como lo conozco, que dará su consentimiento. Asegurémonos de que el pez haya mordido la carnada y esté bien enganchado en el anzuelo. Y otra cosa... Tampoco es necesario contarles a Francia y Estados Unidos por ahora. Esta operación es ciento por ciento nuestra. Mientras no se trate de un rescate militar, a sangre y fuego, no creo que debamos involucrar a nadie más.

El ministro se refería al compromiso que había adquirido el gobierno nacional de consultarles a los gobiernos de Francia y Estados Unidos antes de iniciar cualquier operación de rescate militar que pudiera poner en riesgo la vida de sus respectivos nacionales —Íngrid Betancourt y los tres contratistas norteamericanos—. Pero hasta el momento nadie estaba contemplando un rescate de este tipo.

En adelante, los generales Padilla y Montoya mantuvieron al ministro informado con regularidad sobre los movimientos de los grupos de secuestrados y los avances en la operación, y discutieron con él cada detalle de ésta.

Bogotá, oficinas de inteligencia, miércoles 18 de junio

(CATORCE DÍAS ANTES DE LA OPERACIÓN JAQUE)

El mayor propuesto por el general Montoya para la misión se presentó en la oficina del coronel Navas, jefe de inteligencia humana del Ejército.

El coronel, reconocido por su calidez y buen humor, este día estaba particularmente trascendental, algo que llamó la atención del recién llegado. Pronto supo el motivo de su seriedad. En forma sucinta le describió los importantes avances que había logrado la central de inteligencia técnica, a través de la operación de engaño electrónico, para infiltrar las comunicaciones de las FARC entre el Bloque Oriental y el frente primero. El mayor estaba asombrado por la audacia de la operación técnica.

—Ahora nos toca a nosotros planear y ejecutar un engaño táctico que culmine esta tarea para sacar a los secuestrados de la selva.

El mayor, quien era además un experto y un apasionado en el tema del engaño en la historia de la inteligencia, no lo dudó un minuto:

—Señor —le dijo a Navas—, la operación que me plantea es de altísimo riesgo. Mejor dicho, estaríamos sobre un 80% de posibilidades de que nos quedemos en la selva, si sobrevivimos, y un 20% de que nos pueda ir bien. ¡Una cosa increíble! Pero ¿quiere que le diga una cosa, señor? Lo haremos de manera altruista. Lo haremos por el país y por el mundo, pero, sobre todo, por quince personas y quince familias que desde hace varios años están esperando. Entonces ¡yo participo, señor! Y le aseguro que voy a trabajar con todo el esfuerzo.

El coronel quedó muy impresionado por el arrojo y el entusiasmo de este joven oficial, y le comunicó que la voluntad del general Montoya y la de él mismo, como director de la unidad, era que él obrara como jefe de la misión, responsabilidad que el mayor asumió de inmediato.

Ese mismo día habían llegado a la unidad de inteligencia humana, para colaborar con la operación táctica, otros dos mayores: uno de ellos era una persona particularmente analítica, con profundos conocimientos sobre las FARC, quien, a pesar de que a la postre no formó parte del grupo que ejecutó la operación en el terreno, fue fundamental en la planeación de ésta. El otro era el mayor Gonzalo Dávila, mano derecha del coronel Olano, venía de la central de inteligencia técnica y había participado en el engaño electrónico desde el principio.

El mayor Dávila les había dicho desde hacía cinco días al coronel Olano y al general Díaz, director de inteligencia del Ejército, que él quería formar del equipo que ejecutara el rescate. Díaz lo había interpelado:

—¿Por qué quiere formar parte de la misión? ¿Usted está seguro de la situación? Porque eso puede ser muy peligroso...

—Mi general —había respondido Dávila—, yo quiero formar parte porque confío plenamente en lo que están haciendo mis hombres, porque yo inicié este trabajo y sé cómo va todo, de principio a fin, y porque creo que esto tiene que ser un éxito.

Con esa determinación, el mayor Dávila se unió al grupo de trabajo en la unidad de inteligencia, sin perder de vista lo que seguía ocurriendo en el campo del enemigo. Su presencia en el grupo fue fundamental. Por un lado, les dio mucha tranquilidad a los demás saber que alguien que había estado en la operación desde el principio tenía tal confianza en la calidad de su trabajo que se encontraba dispuesto a arriesgar su vida en el terreno. Por otro lado, sirvió de enlace y coordinación entre los avances de la inteligencia humana y la técnica, para que estuvieran sincronizados a la perfección.

CAPÍTULO III

Estratagemas

BOGOTÁ, OFICINAS DE INTELIGENCIA,
19 A 23 DE JUNIO DE 2008

A los tres mayores —el jefe de misión, el analista y el mayor Dávila, de inteligencia técnica— se unieron un capitán, un teniente y un sargento. Los seis, con la supervisión del coronel Navas, trabajaron aislados, en una oficina secreta del edificio de inteligencia, sin teléfonos celulares ni otra comunicación con el exterior, y se dedicaron a estudiar los posibles escenarios planteados, los cursos de acción, los elementos que tendrían que conseguir, los personajes que deberían crear, para llevar a cabo la operación de rescate. Nadie más sabía, ni siquiera sus otros compañeros de inteligencia, lo que se cocinaba en esas cuatro paredes.

Fue un encierro de cinco días en el que sólo salían para almorzar. Durante este tiempo analizaron una y otra vez los videos de la cadena de televisión Telesur que registraban cómo habían sido los procesos de liberación unilateral de Clara Rojas y Consuelo González, en enero, y de Luis Eladio Pérez,

Gloria Polanco, Jorge Eduardo Géchem y Orlando Beltrán, en febrero.

Por medio del estudio de estos videos, y con la ayuda de varios tableros, fueron haciendo una lista de los elementos —humanos y logísticos— que eran comunes a las misiones humanitarias internacionales que las FARC habían recibido: en ambas se habían utilizado dos helicópteros, así como logos de organizaciones humanitarias y de la Cruz Roja; venían personalidades extranjeras o colombianas, como fue el caso del ministro venezolano Rodríguez Chacín y la senadora colombiana Piedad Córdoba, o un representante del gobierno cubano, y era evidente siempre la presencia de un periodista-camarógrafo que registraba el momento de liberación y buscaba entrevistas con los guerrilleros y los secuestrados.

También leyeron en esos días los libros recientemente publicados por el ahora intendente de la Policía John Pinchao y por el excongresista Luis Eladio Pérez, en los que narraban sus terribles años de cautiverio en manos de las FARC. En esta forma se familiarizaron con el sentimiento y la situación de los cautivos, factores que había que tener en cuenta al hacer una operación de rescate, pues tan peligrosa podría ser la reacción de los guerrilleros como la de los mismos secuestrados, desesperados tras tantos años de tortura.

Además, vieron películas basadas en famosas tramas de engaño, como *La gran estafa (Ocean's Eleven),* de Steven Soderbergh, y *El discípulo (The Recruit),* de Roger Donaldson. También consiguieron documentales de History Channel sobre algunos de los más interesantes episodios de espionaje durante la segunda guerra mundial.

El jefe de misión, entre tanto, siguiendo su pasión por el tema del engaño y su voracidad por la lectura, adquirió en una librería un clásico en la materia, las *Estratagemas*, de Polieno, un abogado macedonio del siglo II que escribió sobre anécdotas militares de táctica y estrategia en el imperio romano. Así mismo, buscó en las bibliotecas del Ejército otros textos sobre engaño de las Fuerzas Armadas de Estados Unidos.

Con estos materiales, los seis oficiales pasaban el día estudiando, revisando los videos y haciendo listados de elementos materiales y humanos que requerirían para simular convincentemente una comisión humanitaria.

Además, analizaban y discutían en forma paralela, con matrices que discriminaban las fortalezas y los riesgos, los dos cursos de acción de inteligencia que estaban sobre la mesa: la suplantación de una brigada médica o la de una comisión humanitaria para llevar a cabo un traslado del grupo de secuestrados.

Pronto llegaron a la conclusión de que el escenario de la brigada médica era mucho más complejo, riesgoso y difícil de mantener que el de la misión humanitaria. Se requerirían por lo menos tres helicópteros con equipo médico, tendrían que viajar un número importante de verdaderos médicos y enfermeros para hacer creíble la fachada, y no era claro cómo se podría sacar a los secuestrados de la zona sin acudir a una acción armada.

El escenario de la misión humanitaria para trasladar a los rehenes a otra zona resultaba, en cambio, mucho más factible. Podría ejecutarse con sólo dos helicópteros, el tiempo en tierra sería mucho menor y habría un pretexto creíble para subir a los secuestrados a las aeronaves.

Así se lo manifestaron al coronel Navas, quien pasaba constantemente a revisar los avances del grupo. Él también estuvo de acuerdo en que la segunda opción era la más viable.

Por supuesto, la última palabra la tendrían los generales del alto mando.

CAPÍTULO IV

"Coordenada 0218113, 07203193"

MONTAÑAS DE CUNDINAMARCA, 12 A 24 DE JUNIO DE 2008

Mientras en la jefatura de inteligencia humana se diseñaba la trama de la "obra" y se reunía el grupo de "actores" que viajarían hasta la selva a rescatar a los secuestrados, las comunicaciones entre César y Jojoy, como siempre filtradas o suplantadas por la inteligencia militar, seguían marcando el rumbo de la operación. Las dos operadoras, acompañadas por dos criptoanalistas, no habían dejado de subir ni un solo día, desde el 6 de mayo, a su puesto de transmisión en la cima de la montaña, donde, soportando las inclemencias del tiempo, mantenían el eje del engaño electrónico.

En la comunicación del 11 de junio, la falsa Andrea, del Ejército, que representaba a la operadora del Mono Jojoy, le había hecho una pregunta simple a la India, la operadora de César: "¿Cómo va todo?", y, además, le había ordenado hacer un comunicado para la visita.

Al día siguiente, el 12, se recibió un esperanzador mensaje de parte de César:

"CAMARADA JORGE, NUESTRO SALUDO. TODO VA BIEN. NOS TOCA DESPACIO PARA GARANTIZAR EL SECRETO. EN CINCO DÍAS ESTAMOS TODOS JUNTOS Y LE COMUNICO. EL COMUNICADO LO HACEMOS SOBRE LOS DOS MUNICIPIOS PARA EL INTERCAMBIO. SALUDOS, CÉSAR".

El equipo de inteligencia se sorprendió al comprobar lo rápido que se estaba moviendo César para cumplir con la supuesta orden de su jefe. Cinco días eran muy poco plazo para reunir a los secuestrados, aunque los tiempos de la guerrilla, por sus mismas dificultades de movimiento, son muy flexibles, y ese lapso se podría convertir en diez días o más. Por otro lado, César, siguiendo la política de las FARC de insistir en el despeje de los municipios de Pradera y Florida, en el Valle del Cauca, como requisito indispensable para negociar cualquier acuerdo humanitario, proponía, como era natural, que el comunicado versara sobre ese tema.

Dos días después, el 14, Jojoy envió un mensaje a través de Andrea, que recibió la falsa India:

"MANTENGA ABSOLUTO CONTROL DE LOS PRISIONEROS. ¿QUÉ CONDICIONES TIENE PARA QUE MANDE 500 MILLONES AL HUILA? SALUDOS, JORGE".

El mensaje de Jojoy mostraba su inquietud por las numerosas versiones de prensa que hablaban de supuestas liberaciones, incluyendo los anuncios de Luis Eladio Pérez de que cuatro secuestrados "caminaban hacia la libertad". Por eso le insistía a César en que mantuviera el control sobre los rehenes.

En cuanto a la solicitud de quinientos millones de pesos, esto demostraba la importancia financiera que tenía el frente primero para la organización, particularmente por su actividad de narcotráfico.

La respuesta a este requerimiento de Jojoy se analizó en la central de inteligencia técnica y con los generales Padilla,

Montoya y Díaz. Se concluyó que había que darle tranquilidad sobre los secuestrados pero posponer el tema de los quinientos millones, pues si se le transmitía esta solicitud a César, éste se dedicaría a buscar la plata en lugar de seguir con la tarea de la reunificación de los tres grupos.

Así las cosas, el 15 de junio, la falsa India le envió este mensaje de respuesta a Jojoy:

"CAMARADA JORGE, NUESTRO SALUDO. ESTAMOS VERIFICANDO Y REFORZANDO LA SEGURIDAD DE LA CARGA. SIGUEN FUERTES LAS OPERACIONES EN EL ÁREA. NO HAY CONDICIONES PARA LA PLATA. VAMOS A CREARLAS POSTERIORMENTE PARA EL ENVÍO. SALUDOS, CÉSAR".

Ésta era una respuesta que podía parecer normal al jefe del Bloque Oriental, y que, por otra parte, ganaba algo de tiempo mientras se consolidaba la operación de rescate.

Entre el 16 y el 23 de junio no hubo nuevas comunicaciones entre Jojoy y César, pero sí se escucharon varios mensajes entre César y sus subalternos, los cabecillas de compañías del frente primero, en los que informaban sobre las movilizaciones que estaban haciendo para acercarse a un punto común. Todo esto daba tranquilidad a los hombres de inteligencia, que veían acercarse el momento en que los tres grupos de secuestrados estuvieran de nuevo reunidos.

El 23 de junio, once días después de que había anunciado que en tan sólo cinco los secuestrados estarían juntos, César volvió a aparecer con un mensaje para el Mono Jojoy, que recibió la falsa Andrea:

"EN ESTOS ÚLTIMOS DÍAS ESTÁN EN LOS MISMOS SITIOS PERO NO SE MUEVEN. MAÑANA LLEGAMOS AL SITIO".

La primera parte de la comunicación hacía referencia a la situación de las tropas del Ejército en la zona, mostrando cómo —de acuerdo con las instrucciones impartidas por el general Montoya— éstas se habían quedado quietas para evitar entorpecer el movimiento de los secuestrados. La segunda frase fue la que más impactó a los hombres de inteligencia. Después de tantas semanas de esfuerzo continuo, se veía cercano el cumplimiento del objetivo. César, en una perfecta operación de engaño, estaba reuniendo a los rehenes, sin saberlo, por órdenes del Ejército de Colombia.

El martes 24 de junio llegó el mensaje más esperado, que disparó y aceleró el engranaje de la Operación Jaque.

César, a través de la India, envió el siguiente reporte a Jojoy, que recibió la falsa Andrea, del Ejército Nacional:

"YA TENEMOS UN COMANDO EN EL SITIO Y REGISTRAMOS A VEINTE KILÓMETROS. TODO ESTÁ BIEN. COORDENADA 0218113, 07203193".

Fue un momento de júbilo. Después de que, en abril de 2007, habían obtenido una primera coordenada, gracias a la valiente fuga del subintendente Pinchao; luego de haberlos tenido a tiro de piedra en febrero de 2008, cuando el grupo de comando los localizó, otra vez, con toda exactitud, se sabía a ciencia cierta dónde iban a reunir a los secuestrados, pero con una diferencia fundamental: ¡esta vez estarían preparados!

CAPÍTULO V

"¡Adelante, ministro!"

BOGOTÁ, MINISTERIO DE DEFENSA,
MARTES 17 DE JUNIO DE 2008
(QUINCE DÍAS ANTES DE LA OPERACIÓN JAQUE)

Desde el inicio del Plan Colombia, y muy especialmente desde el secuestro de los tres contratistas norteamericanos en febrero de 2003, la presencia y apoyo de asesores de agencias de inteligencia estadounidenses para localizar a las FARC y a los grupos de rehenes era constante. Con sofisticados aparatos de interceptación y aviones plataforma de inteligencia, cooperaban con el Comando Conjunto de Operaciones Especiales para alcanzar un objetivo común y de suma importancia para los dos países.

No resultó extraño entonces que, en su trabajo de seguimiento a la guerrilla en las selvas del Guaviare, los norteamericanos detectaran que algo singular venía sucediendo. Así como los técnicos de la inteligencia colombiana, también ellos habían captado mensajes entre César y sus subalternos que daban cuenta de que los grupos de secuestrados se estaban moviendo hacia un sitio de reunión.

Los asesores estadounidenses preguntaron al mayor Dávila y a otros de sus colegas colombianos si sabían algo de esto, pero no obtuvieron ninguna respuesta. No estaban autorizados para comentar con nadie la operación secreta que se estaba efectuando. Dávila y los hombres de inteligencia, por su parte, recibieron las inquietudes de los norteamericanos como una buena señal. Si también ellos habían detectado los movimientos, esto confirmaba que las FARC estaban cumpliendo fielmente las instrucciones entregadas a través del engaño electrónico.

Pero las preguntas no cesaron. Los gringos sabían que algo se estaba cocinando en la selva, e insistieron en el tema. Cuando el general Freddy Padilla de León se enteró de esto, le comentó al ministro Santos, quien le había dado instrucciones de no hacer partícipes de la operación a los otros países interesados, mientras no se tratara de un rescate militar armado. Ese mismo día, Padilla aprovechó para poner al día al ministro sobre los avances de la operación, y le confirmó que los grupos de secuestrados, según información de inteligencia, estaban en movimiento hacia el lugar acordado.

—Es el momento de contarle al presidente —dijo Santos—. Ahora sí podemos decirle, con toda certeza, que los guerrilleros mordieron el anzuelo. Y de una vez le consultamos el manejo con Estados Unidos.

Bogotá, Casa de Nariño, miércoles 18 de junio

(Catorce días antes de la Operación Jaque)

A las ocho de la mañana el ministro Santos entró al despacho del presidente Álvaro Uribe, quien estaba solo en ese momento y lo recibió con su cordialidad de siempre.

—Presidente —comenzó Santos—, quiero comentarle sobre una operación de inteligencia que tenemos en marcha para la liberación de Íngrid, los norteamericanos y varios militares y policías.

Uribe tenía en su despacho un mapa detallado de Colombia. Sobre él, el ministro le explicó, sucintamente, la esencia del engaño realizado, los avances logrados hasta el momento, y cómo se iban moviendo los grupos de secuestrados.

—Esto es lo que tenemos en marcha, presidente. Yo creo que con muy buenas perspectivas.

El presidente Uribe, que había ido formulando preguntas durante la exposición de Santos, manifestó su acuerdo, sin dudarlo un minuto:

—Esto hay que hacerlo —aseveró con gesto trascendental—. ¡Adelante, ministro!

Santos le dijo al presidente que volvería esa tarde con el general Padilla, para que éste le explicara más en detalle los diferentes aspectos de la operación, y así quedaron.

Hacia las cinco de la tarde, el ministro y el comandante general de las Fuerzas Militares se reunieron con el presidente.

Padilla expuso la operación con profundidad, la cual contó nuevamente con el entusiasmo y la aprobación del mandatario.

El ministro, por su parte, le comentó sobre las indagaciones de los norteamericanos:

—Yo había pensado hasta ahora que no era necesario contarles, porque lo que estamos planeando es una operación sin armas, que no implica riesgo para los secuestrados. Sin embargo —anotó—, también es cierto que, si no les informamos, podrían cruzarse nuestras acciones y de pronto se daña todo. Si a usted le parece, presidente, les contamos en qué vamos.

—Sí, ministro —respondió Uribe—. Hay que hacerlo. Además, acuérdese de que yo le di mi palabra al presidente Bush de tenerlo al día sobre cualquier cosa que hiciéramos respecto a los contratistas secuestrados.

Así terminó la reunión, con el compromiso de mantener informado al mandatario sobre los nuevos desarrollos de la operación.

Bogotá, residencia del ministro de Defensa, jueves 19 de junio

(TRECE DÍAS ANTES DE LA OPERACIÓN JAQUE)

Al día siguiente, en la noche, el ministro citó a su casa al embajador de Estados Unidos en Colombia, William Brownfield, un sagaz texano, diplomático de carrera, con amplia experiencia en América Latina y un excelente manejo del español. El embajador llegó con un asesor de la CIA y otro funcionario de operaciones de la embajada, mientras que Santos estaba acompañado por el general Padilla.

El ministro y el general enteraron con detalle a los norteamericanos de la operación. Al terminar la exposición, el asesor de la CIA fue el primero en hablar:

—Desde mi perspectiva, sólo puedo decir que me parece una operación absolutamente maravillosa y muy bien planeada. Nunca me habría imaginado algo semejante. Le veo muchas posibilidades de éxito.

El embajador también alabó lo que se había hecho, pero fue un poco escéptico:

—No sé —dijo—. Tal vez por naturaleza yo tiendo a dudar, pero me parece demasiado bueno para ser verdad. Antes de que mi país participe en esto, yo tengo que hablar con mi gente arriba. Deme unos días y le tengo una respuesta.

El ministro entendió que una operación tan delicada para los norteamericanos, que era prioridad de la embajada estadounidense en Bogotá, debía consultarla el embajador con sus superiores en Washington.

Bogotá, oficinas de inteligencia, viernes 27 de junio

(CINCO DÍAS ANTES DE LA OPERACIÓN JAQUE)

A las once de la mañana, el general Padilla llegó a las oficinas de inteligencia del Ejército con un alto funcionario de la embajada de Estados Unidos y otros asesores de seguridad de dicho país, incluyendo un coronel uniformado. Asistieron también a la reunión el general Montoya, el general Díaz, el coronel Olano y el coronel Navas, además de cinco oficiales del grupo que estaba preparando el engaño táctico. Ellos se presentaron vestidos de civil y representando a los personajes que les habían sido asignados.

En su orden, Padilla, Olano y Navas hicieron una detallada explicación de las diversas fases cumplidas y de la trama que se desarrollaría en adelante. Los estadounidenses escucharon atentos. Al final, el diplomático se dirigió al general Padilla en un español claramente colombianizado:

—Mire, mi general. Tal y como le dije cuando usted me contó esto, la operación es una verraquera! Esto es espectacular. Yo sólo puedo felicitarlos por esta iniciativa y decirles, en nombre de mi gobierno, que cuenten con cualquier apoyo que necesiten para culminar con éxito la operación.

Washington, D.C., Casa Blanca, lunes 30 de junio
(DOS DÍAS ANTES DE LA OPERACIÓN JAQUE)

El último lunes de junio se reunió, con carácter extraordinario, el Consejo Nacional de Seguridad en su sede habitual de la Casa Blanca. Ese día el tema no sería Iraq ni Afganistán ni Corea del Norte, sino los sucesos que estaban a punto de ocurrir en un país amigo del mismo hemisferio donde un grupo de agentes de inteligencia militar intentarían la más audaz operación de combate jamás concebida. Lo particular, para los miembros del Consejo, era que tres de los secuestrados que se buscaba liberar eran ciudadanos estadounidenses. Allí estaban el vicepresidente, Dick Cheney; el secretario de Defensa, Robert Gates; el comandante de las fuerzas armadas conjuntas de Estados Unidos, almirante Mike Mullen; el director de la Agencia Central de Inteligencia, general Michael Hayden; el secretario de Seguridad Nacional, Michael Chertoff; el subsecretario de Estado, John Negroponte; y, por supuesto, el

Consejero Nacional de Seguridad de Estados Unidos, Stephen J. Hadley, quien era el anfitrión de la reunión. Estuvo también presente, a través de teleconferencia, el jefe del Comando Sur de Estados Unidos, almirante James Stavidris.

Durante los últimos días, los funcionarios de sus correspondientes ministerios y agencias habían estado analizando, en contacto con sus delegados en Bogotá, las posibilidades de éxito de la operación diseñada por la inteligencia del Ejército de Colombia y acompañada por todo el conjunto de sus Fuerzas Militares. Es más, ya se había autorizado la participación de un avión plataforma de inteligencia y la entrega de ayuda técnica mediante la instalación de unos sofisticados elementos de comunicación para los pilotos de los helicópteros.

Ese día el Consejo debía confirmar el aval de la administración estadounidense a la operación colombiana. Estaba de por medio la vida de tres rehenes de su país, algo que ha sido siempre un asunto de gran sensibilidad en Estados Unidos, y no podían equivocarse. Los reportes de los asesores de la CIA y de otras agencias con presencia en Colombia, sin embargo, los tranquilizaron. Ellos trabajaban día a día, hombro a hombro, con la inteligencia militar colombiana y daban fe de su capacidad, mística y profesionalismo.

La decisión contempló el riesgo de la misión pero terminaron por prevalecer las consideraciones positivas. Fue así como Estados Unidos, a través de su órgano de seguridad del máximo nivel, decidió avalar, no sólo con aporte tecnológico, sino con su compromiso político, la operación de rescate que involucraría la suerte de tres de sus ciudadanos.

Bogotá, Ministerio de Defensa

El embajador Brownfield, después de recibir la noticia del subsecretario Negroponte, llamó al ministro Santos a comunicarle la decisión de Washington:

—Ministro, 90% estamos totalmente de acuerdo y apoyamos en lo que sea necesario. Falta solamente un 10%.

—¿Y ese 10% quién es?

—Pues un 10% muy importante. Falta el visto bueno final de la más alta instancia. —Se refería, por supuesto, al presidente Bush, quien no había estado presente en el Consejo aunque sí su vicepresidente Cheney—. Pero ya estamos todos *on board*.

El ministro sabía que la operación seguiría adelante, con o sin el aval de Estados Unidos, pero, teniendo en cuenta la presencia de tres secuestrados de ese país, agradeció al embajador por su gestión, y le contó que el rescate se ejecutaría en menos de 48 horas.

CAPÍTULO VI

Marcha hacia la libertad

SELVAS DEL GUAVIARE, JUNIO DE 2008

Desde el 20 de marzo de 2008, cuando César ordenó la dispersión de los tres grupos de secuestrados a cargo del frente primero, hasta comienzos de mayo de 2008, el grupo conformado por Íngrid Betancourt, los tres norteamericanos, el capitán Juan Carlos Bermeo y el cabo William Pérez no paró de caminar. Los otros dos grupos, distanciados entre sí, también sufrían duras jornadas de marcha, unas veces andando y otras en grandes botes, cubiertos por unas carpas.

Marchaban todos los días, de cinco y media de la mañana a cinco de la tarde, distancias que a veces alcanzaban los veinte o veinticinco kilómetros, en medio de la selva. Antes de la madrugaba desayunaban; algunas veces —no siempre— les daban algo de almuerzo, generalmente sopa de pasta y café, y así seguían hasta que comenzaba a oscurecer.

Durante tres semanas, en mayo, el grupo de Íngrid se estableció en un claro de la selva, junto a un pequeño caño rodeado de cultivos de coca, hasta que, a principios de junio, Enrique Gafas, el encargado del grupo, anunció que volvían a partir. Los rehenes prepararon sus cosas para otra larga travesía, de tantas a las que los sometía la guerrilla. No imaginaban que esa nueva marcha, inducida por el mismo Ejército de Colombia, sería la marcha hacia su propia libertad.

Para extrañeza de los secuestrados, las condiciones comenzaron a mejorar en algunos aspectos. Igual que siempre, los subieron en un bongo largo y los cubrieron con una carpa para que nadie los viera. El calor los obligaba a levantar la tela de vez en cuando para dejar entrar el aire y un poco de viento. Antes, cuando hacían esto, los guerrilleros los obligaban a ocultarse de nuevo, pero en esta ocasión no les dijeron nada. Después de unas horas de recorrido, mientras el bote avanzaba por el río Apaporis, empezaron a divisar signos de civilización. Vieron una antena de televisión por cable, algunas pequeñas finquitas en la orilla y gente a las orillas de los ríos. Incluso bares con música bailable a todo volumen.

El cabo William Pérez levantó un pedazo de la carpa y contempló asombrado los cambios en el horizonte.

—Doctora —le dijo a Íngrid—, esto está muy raro. Mire, hay gente al borde de las casas.

El que manejaba el bongo iba vestido de civil y los lugareños lo saludaban sin saber que debajo de la carpa iban quince secuestrados con sus captores. Luego pasaron por unas rocas gigantescas, un paisaje majestuoso y sobrecogedor. Todos levantaron un poco la tela que los cubría, lo suficiente para no ser descubiertos, y observaron no sólo el paisaje, sino la gente que estaba a ambos lados de la orilla, viviendo con despreocupación.

Después de unos días de recorrido, durmiendo en lugares improvisados cerca del río, desembarcaron en un sitio próximo a un bullicioso caserío. Desde el lugar en que acamparon, escondido en la selva, se escuchaba la música de las discotecas del pueblo. Era un fin de semana, y los secuestrados, acostumbrados únicamente a los sonidos de la selva, pudieron sentir, por primera vez en muchos años, los ecos de una música de fiesta. Algo estaba pasando. Los guerrilleros se veían más relajados. Ese día, por primera vez, prepararon el lugar donde iban a dormir los rehenes, arrancando las matas para que tuvieran un lugar despejado, en lugar de dejarlos a su suerte. Llevaron sillas, pan, gaseosa, incluso una vaca, pequeños lujos que nunca antes les habían permitido.

La incertidumbre crecía en el grupo de secuestrados. ¿Será que van a liberar a alguno? ¿Será que viene un periodista? ¿Nos irán a pasar a otro frente?

El 20 de junio, los medios difundieron una nota del diario parisino *Le Figaro*, según la cual, luego de más de dos meses sin contacto alguno, desde el abatimiento de alias Raúl Reyes, las FARC, ahora lideradas por Alfonso Cano, habían abierto un nuevo canal de comunicación con el gobierno francés. Días después se mencionó la posibilidad de que un delegado francés y otro suizo viajaran a Colombia para entablar diálogos con la guerrilla. Todo esto alimentaba la ansiedad y la esperanza de los secuestrados, aunque siempre eran cautos en albergar ilusiones. ¡Cuántas veces no habían escuchado noticias como éstas sin que nada cambiara!

Permanecieron algo más de una semana en el campamento cerca del pueblo, que quedaba a pocos minutos en bote, mientras los guerrilleros seguían comportándose de modo inusual. Les dieron ropa interior, medias, botas nuevas, y mejoraron las raciones de comida. Incluso salsa de tomate y mayonesa trajeron del pueblo para aderezarlas.

Una noche les dijeron que se alistaran para salir y los subieron al bongo. Después de más de una hora de recorrido llegaron a un nuevo destino. "Ésta es una finca que nos prestó un compañero", anunció Enrique Gafas. Pasaron caminando por unos sembrados de plátano y los llevaron a una casa vieja, a cinco minutos de la orilla, en la parte alta de una loma, que dominaba el horizonte. Dentro de la construcción había minas abandonadas, uniformes, restos de equipos, lo que indicaba que la finca, en realidad, era de un guerrillero. Por la mañana descubrieron, con asombro, que frente a la casa había un claro inmenso, que les permitía ver casi hasta una distancia de quinientos metros en frente de ellos, con cultivos de árboles frutales y arbustos. Para los secuestrados, acostumbrados a una selva cerrada donde muchas veces no se ve más allá de cinco metros, este panorama les pareció deslumbrante.

En ese nuevo lugar estuvieron otros ocho días. Íngrid, como sus demás compañeros, salía a tomar un poco de sol y pasaba largo tiempo contemplando el paisaje. Se entretenía cosiendo, leyendo o escuchando radio, y hablaba mucho con el cabo Pérez, sobre todo de temas de la Biblia, que a él le apasionaban. Además, le enseñaba historias que encontraba en el diccionario enciclopédico *Pequeño Larousse*, un libro grueso y pesado que le habían entregado hacía pocas semanas, después de años de pedir uno para alimentar la mente en medio de la monotonía. También hablaba con el capitán Bermeo y con los norteamericanos, a veces en inglés y otras en español, idioma que ellos dominaban después de años de obligado aprendizaje.

Igual que en el sitio anterior, trajeron carne, frutas, leche para las comidas. Incluso les dieron un cono de helado de chocolate, que devoraron entre ansiosos e incrédulos. Con frecuencia escuchaban en la radio sobre la posible visita de una comisión internacional —un delegado francés y otro suizo— que se entrevistaría con Cano en algún lugar de Colombia.

Los secuestrados le preguntaban a Gafas: "Enrique, ¿usted qué sabe de esto?". Y él se limitaba a responder, tosco como siempre, "no sé nada".

En otra ocasión, Gafas escuchó en la radio que el presidente Uribe había anunciado que un guerrillero que custodiaba secuestrados había llamado al gobierno para preguntar si le mantenían el compromiso de no extraditarlo a cambio de devolver a los rehenes a su cargo.

Desde entonces, siempre que tenía oportunidad hostigaba a los secuestrados con insultos hacia Uribe:

—¡Convencido ese presidente de m… de que yo me voy a desmovilizar! ¡Se quedará esperando!

Un día, Gafas le dijo al grupo de cautivos:

—Escriban cartas.

—¿Va a venir un médico? —preguntó alguno.

—No sabemos quién va a venir. Simplemente que hay una comisión. De pronto se pueden mandar cartas, de pronto viene un médico, pero no sabemos. Sólo alisten las cartas y estén pendientes, que en algún momento llega la comisión.

Los secuestrados especulaban entre sí que iban a liberar a alguno de ellos.

—Doctora Íngrid, de pronto sale usted, porque por usted es por la que más presión están haciendo. Las FARC están tan decaídas con las muertes de Marulanda, de Reyes, de Ríos, de Caballero, que de pronto quieren hacer algún gesto para recuperarse políticamente —teorizaba el cabo Pérez con la excandidata.

—No, William —reponía ella con gesto sereno—. Usted sabe que la última que sale de aquí soy yo.

Otra vez, fueron los guerrilleros a preguntarles su talla para traerles nueva ropa. Al día siguiente les llevaron jeans y camisas de manga larga, como de corbata, y les dijeron que los guardaran hasta que les dieran permiso de usarlos.

Los secuestrados se rebelaron. No se iban a poner esa ropa. Si era para una prueba de supervivencia, que los vieran así, como estaban, pero no se iban a disfrazar para hacer creer al mundo que los trataban bien. Mandaron llamar a Gafas y le dijeron que no usarían la ropa. El guerrillero se enfureció:

—¡Nosotros somos la guerrilla y ustedes tienen que someterse a lo que nosotros digamos!

—¡Y nosotros no nos vamos a poner nada! —le contestaron, y luego apilaron los pantalones y las camisas sobre una mesa.

—Bueno, si no quieren usarla, allá ustedes. ¡Después no digan que uno no les da nada!

Fue un motín originado por un asunto aparentemente pequeño, pero lo que estaba en juego era más importante. Era en esos momentos de rebelión cuando los secuestrados, a pesar de las cadenas que llevaban día y noche, se sentían un poco libres y dueños de su destino.

Gafas salió, y se llevaron la ropa. Ese mismo día llegaron al sitio otros secuestrados. Era el grupo del teniente Malagón, el sargento Marulanda, el sargento Flórez, el cabo Arteaga y el intendente Castellanos.

El tercer grupo, el del teniente Rodríguez, el sargento Romero, y los cabos Durán y Buitrago, arribó a los pocos días. Ambos se habían demorado porque, a diferencia del grupo de Íngrid, que llegó en bote, habían hecho sus recorridos por tierra.

—Hermano, ¡llegaron todos! ¡Llegaron todos, mano! —le decía el cabo Pérez al capitán Bermeo, emocionado—. Aquí va a pasar alguna cosa.

Para entonces, ya no estaban en la casa con vista al horizonte, que se había dejado únicamente como cocina, y cada grupo permanecía oculto en su porción de selva, sin verse los unos con los otros, pero oyéndose y adivinándose a la distancia.

El último día de junio, Gafas pasó a recoger las cartas. Estaba risueño, y hasta amable, aunque no lo suficiente como para no amenazarlos.

—Escriban lo que quieran pero ya saben: si dicen algo indebido, peor para ustedes. Porque si pasa cualquier cosa con el Ejército, nosotros tenemos que liquidarlos. La orden es matarlos. Ustedes verán si dicen dónde están…

CAPÍTULO VII

Tareas por hacer

BOGOTÁ, COMANDO GENERAL DE LAS FUERZAS MILITARES,
MARTES 24 DE JUNIO
(OCHO DÍAS ANTES DE LA OPERACIÓN JAQUE)

El tiempo apremiaba. Esa tarde, en la reunión que se convocó en el despacho del general Freddy Padilla de León, todos tenían resultados que mostrar y decisiones que consultar. Estaban el comandante del Ejército, general Mario Montoya; el director de inteligencia del Ejército, general Ricardo Díaz; el jefe de inteligencia humana, coronel Eduardo Navas, y el jefe de inteligencia técnica, coronel Fernando Olano.

El reporte de este último era el mejor. César se había comido entero el engaño y había hecho mover los secuestrados a un lugar común, a unos kilómetros del sitio donde esperarían a la comisión. Es más: ya se tenían las coordenadas exactas del punto de encuentro, que señalaban un área ubicada a orillas del río Inírida, próxima a un accidente geográfico llamado Cerro Pelado. Esta situación los obligaba a tomar una decisión rápida sobre lo que se debía hacer.

Los avances de la inteligencia humana no eran menos significativos, más aún si se tenía en cuenta el poco tiempo que llevaban montando el engaño táctico. Ya estaba configurado el núcleo principal de quienes participarían en la operación, y ese mismo día llegarían a Bogotá los integrantes que faltaban. Se había estudiado a fondo el comportamiento y composición de una comisión humanitaria internacional, y se estaba trabajando en la definición de los personajes.

En cuanto a la forma que se daría al engaño sobre el terreno, el grupo de la inteligencia humana recomendó utilizar —entre los dos escenarios que habían analizado— el de una misión internacional humanitaria que llegaba a la zona para efectuar un traslado de los secuestrados. Después de un tiempo de discusión, los generales aprobaron que ese fuera el engaño utilizado, por ser el más rápido y el menos riesgoso.

¿Y para qué el traslado? ¿Cuál sería el motivo que se le daría a César para que permitiera subir sus secuestrados a un helicóptero y remontar vuelo? Se pensó en aducir un acuerdo secreto para llevar los rehenes a un tercer país, como Venezuela, pero pronto se desechó la idea para no involucrar a otras naciones. El general Montoya dijo entonces:

—¿Y por qué no un traslado a la zona donde está Alfonso Cano? Eso tendría sentido. Al fin y al cabo, ante la muerte de Marulanda el nuevo cabecilla querría controlar y tener cerca a los secuestrados más estratégicos para su organización.

La idea cobró fuerza, y se decidió enfocar el trabajo en esa dirección. Había que realizar, con la mayor brevedad, una serie de tareas:

El general Montoya coordinaría con la aviación del Ejército para que adecuaran y pintaran dos helicópteros de tal manera que parecieran helicópteros civiles, propiedad de alguna organización humanitaria. También la tripulación debía parecer civil y estar capacitada para operaciones de alto riesgo.

El coronel Navas, junto con su equipo, terminaría de perfeccionar la trama, definiría y entrenaría los personajes, y armaría la fachada para hacer convincente el engaño en el terreno.

El coronel Olano, con su equipo de operadoras y criptoanalistas, seguiría manejando a César a través de sus comunicaciones, pues tendría que hacerlo esperar unos días más, mientras se preparaban los equipos y elementos necesarios para el rescate, y el personal de la operación perfeccionaba sus papeles.

Había que ganar tiempo, así que se decidió suspender los mensajes hacia el frente primero por unos cuatro días, como si hubiera malas condiciones atmosféricas, o salir al programa de comunicaciones sólo para reportarse, sin novedades. Mientras se mantenía el silencio, se debería elaborar con sumo cuidado el texto de los próximos mensajes a César, que serían claves para acabar de apuntalar la operación.

El general Padilla, finalmente, coordinaría lo que llamaron el plan B, que se pondría en marcha en caso de que algo saliera mal en el plan principal. El objetivo era tener tropas, aviones, lanchas y helicópteros desplegados alrededor del área para que, si fallaba el rescate mediante engaño, se procediera de inmediato a realizar un "cerco humanitario" que obligara a César a negociar, respetando la vida de los secuestrados.

Con estos lineamientos terminó la reunión. En adelante se hablarían y coordinarían todos los días, hasta llevar la operación a un feliz término.

—Señores: lo que estamos a punto de hacer será histórico para nuestras Fuerzas Militares y para el país. Pongamos esta operación en las manos de Dios, y vamos para adelante —concluyó el general Padilla.

CAPÍTULO VIII

"¡Dios está de nuestro lado!"

Bogotá, Ministerio de Relaciones Exteriores,
martes 24 de junio de 2008
(ocho días antes de la Operación Jaque)

A las seis y treinta de la tarde del 24 de junio se llevó a cabo una importante reunión en el despacho del canciller Fernando Araújo, el mismo que, valerosamente, había escapado de las FARC, en medio de una operación militar, el 31 de diciembre de 2006, después de más de seis años de secuestro. Estaban presentes, además del canciller, el ministro de Defensa, Juan Manuel Santos; el alto comisionado de paz, Luis Carlos Restrepo, y el embajador de Francia, Jean-Michel Marlaud.

El objetivo del encuentro era dar a conocer, oficialmente, al embajador francés la comprometedora información que se había encontrado en los computadores del abatido jefe guerrillero Raúl Reyes, sobre el emisario que su país había designado para la tarea de facilitación del acuerdo humanitario con las FARC.

Esta misión la habían asumido, con buena voluntad, los gobiernos de Francia, Suiza y España, en respuesta a una invitación del presidente colombiano, pero las actuaciones del mediador francés, Noël Saez, así como del suizo, Jean Pierre Gontard, estaban ahora bajo la lupa de la opinión, por las referencias que de ellos se encontraron en los correos de Reyes. Según lo que éstos revelaban, los facilitadores se habían excedido en sus funciones, llegando incluso a pagar una gran suma de dinero a las FARC, en julio de 2003, para la supuesta liberación de Íngrid Betancourt. La sucesión de correos daba cuenta de que dicho dinero, entregado por Saez, no había llegado a manos de los secuestradores sino a falsos voceros de la guerrilla que se habían quedado con él.

En otros correos de Reyes se hablaba de un ofrecimiento de Saez, hecho a espaldas del gobierno colombiano, de retirar a las FARC de la lista de organizaciones terroristas, abrirles una oficina diplomática en París y otorgar visas a sus voceros. Como era natural, estos descubrimientos habían indispuesto al gobierno frente a la labor de los mediadores, y así lo hicieron saber esa tarde los dos ministros y el comisionado al embajador Marlaud, quien se mostró contrariado por la situación.

El diplomático, por su parte, comentó a los funcionarios que en dos días llegarían, procedentes del Ecuador, Saez y Gontard, con el propósito de buscar contactos con las FARC, en particular con su líder Alfonso Cano, para retomar el tema del acuerdo humanitario que pudiera conducir a la liberación de Íngrid y los demás secuestrados "canjeables".

—Tendrán que pedir autorización al gobierno —dijo el comisionado Restrepo.

—Estoy seguro de que así lo harán —aseveró el embajador.

El ministro Santos, al escuchar la noticia del inminente arribo de los facilitadores, entendió que su visita, en ese preciso momento, era una coincidencia increíblemente afortunada. "¡Dios está de nuestro lado!", pensó. Ahora que tenían que convencer a César de que una misión internacional iría hasta las selvas del Guaviare para trasladar a los secuestrados a la zona de Alfonso Cano, se presentaba una comisión real que llegaba en busca del líder guerrillero. No podía ser más oportuna. Si César se enteraba de esto por los medios de comunicación, vería confirmada la historia que, desde el 31 de mayo, venía construyendo la inteligencia militar. Ésta era la puntada que faltaba para garantizar su total confianza en las instrucciones que estaba recibiendo.

Bogotá, Casa de Nariño, viernes 27 de junio

(CINCO DÍAS ANTES DE LA OPERACIÓN JAQUE)

El presidente Álvaro Uribe caminaba por los pasillos de la Casa de Nariño cuando se encontró con Noël Saez y Jean Pierre Gontard, que salían de la oficina del comisionado de paz después de obtener la autorización necesaria y garantías de seguridad para viajar a algún lugar de la zona occidental del país a buscar un contacto con el jefe de las FARC, Alfonso Cano.

Uribe estaba muy molesto con ellos. Los correos encontrados en los computadores de Reyes no sólo comprometían la neutralidad de los emisarios, sino que hacían evidente la forma despectiva y poco respetuosa en que ellos se referían al mandatario colombiano.

Sin que mediara ningún saludo, el presidente les dijo, señalándolos con gesto severo:

—Mal, ¡muy mal! Eso no es así. No les quito la mediación por respeto a sus países.

El incómodo encuentro terminó sin otras consecuencias que el regaño presidencial. Lo cierto era que Uribe ya había recibido el reporte del ministro de Defensa sobre la oportuna coincidencia que representaba la visita de los intermediarios para afianzar la historia que se estaba contando a César. Por eso, a pesar de sus sentimientos de indignación, no desautorizó su viaje. Los señores Saëz y Gontard serían facilitadores de la liberación de Íngrid en una forma que nunca habrían imaginado.

CAPÍTULO IX

Trampa para el ego

Bogotá, Comando General de las Fuerzas Militares,
viernes 27 de junio de 2008
(cinco días antes de la Operación Jaque)

El coronel Fernando Olano, jefe de inteligencia técnica del Ejército, junto con su grupo de analistas y criptoanalistas, trabajó con intensidad, entre el 24 y el 27 de junio, en la preparación de un nuevo mensaje para enviar a César, uno que apuntalara definitivamente el engaño y garantizara que el guerrillero entregara a los secuestrados en su poder.

César era un hombre astuto, con años de experiencia en las FARC, y no podía dejarse ningún cabo suelto que lo hiciera sospechar. El texto debía contener elementos para mantener su confianza y asegurar su colaboración.

Después de horas de análisis, el coronel Olano se dirigió al comando general de las Fuerzas Militares para presentar el proyecto a los generales Padilla, Montoya y Díaz.

Al saludar al comandante del Ejército, el coronel le anticipó:

—Mi general, tenemos un borrador que seguramente los va a sorprender.

—¿Cómo así que nos va a sorprender? —inquirió Montoya con curiosidad—. ¿Por qué?

—Porque el que va a trasladar los secuestrados va a ser el mismo César.

—¡Va con eso! —le respondió el general, y comenzaron la reunión.

Olano les explicó las razones que motivaban el mensaje que les iba a proponer:

Primero: se buscaría que César estuviera seguro de que cumplía órdenes del Mono Jojoy y de que éstas las respaldaba el secretariado de las FARC.

Segundo: había que explicarle a César, para que tuviera confianza, cuál era la intención del traslado de los secuestrados.

Tercero: se daría un nombre a la operación, siguiendo la costumbre de la guerrilla de bautizar sus operaciones cuando tienen alguna repercusión internacional.

Cuarto: se reiteraría la instrucción de comunicarse únicamente por el medio usual y de no utilizar teléfonos satelitales. Sabían muy bien que una sola comunicación satelital entre César y Jojoy significaría el fin de la operación y, tal vez, el asesinato o secuestro de los miembros de la misión.

Quinto, y lo más importante de todo: se comprometería al mismo César para que viajara en el helicóptero con los rehenes, diciéndole que él, como el comandante responsable, los entregaría personalmente a Alfonso Cano y luego regresaría a su frente. Para darle aún más seguridad, se le diría que fuera acompañado por un miembro de su estado mayor.

Esta invitación era una celada perfecta para el ego de César. ¿A qué más podría aspirar que a entregar los secuestrados que había custodiado, por más de tres años y medio, a su máximo líder, Alfonso Cano? ¿Le darían una felicitación? ¿Lo incluirían al fin en el estado mayor central de las FARC?

Con todos estos elementos, el texto que sometió el coronel Olano a consideración de los generales, para enviar a César a través de la falsa Andrea, era el siguiente:

"EL SECRETARIADO DECIDIÓ MOVER LA CARGA AL ÁREA DEL CAMARADA ALFONSO CANO PARA ATENDER LA VISITA. LA OPERACIÓN SE LLAMA CAMARADA MANUEL MARULANDA VÉLEZ, MORIR POR EL PUEBLO ES VIVIR PARA SIEMPRE. ¿QUÉ CONDICIONES TIENE DE VIAJAR CON UN MIEMBRO DE SU ESTADO MAYOR DE FRENTE EN LOS HELICÓPTEROS? REINEL QUEDA ENCARGADO DEL FRENTE MIENTRAS USTED REGRESA. TODO ES CLANDESTINO, NO USE SATELITALES. SALUDOS, JORGE".

Los comandantes militares estuvieron de acuerdo con la estrategia y aprobaron el mensaje. Sin duda, era una de las jugadas más audaces que se habrían podido imaginar, pero tenía todas las probabilidades de impactar favorablemente a César y desarmar cualquier posible sospecha.

Montañas de Cundinamarca, sábado 28 de junio

(CUATRO DÍAS ANTES DE LA OPERACIÓN JAQUE)

A la una de la tarde, la falsa Andrea transmitió el texto cuidadosamente preparado a la India, operadora de César. Casi siempre, cuando se enviaba un mensaje, más aún uno complejo como éste, César demoraba en responder varias horas, incluso un día o más.

Sin embargo, en esta ocasión la reacción fue casi inmediata, lo que demostraba que habían dado en el clavo.

Tan sólo cuarenta minutos después de enviarse la comunicación, el cabecilla del frente primero envió una réplica corta y precisa:

"DE ACUERDO. SALUDOS, CÉSAR".

Con esas cuatro palabras respondía a la única pregunta que se le había formulado: "¿Qué condiciones tiene de viajar con un miembro de su estado mayor de frente en los helicópteros?".

El éxito del plan de la inteligencia técnica había sido contundente. El arrogante César, como ratón en una trampa de quesos, había mordido el trozo más provocativo de todos. ¡Por fin el alto mando de las FARC reconocería su trabajo! Al menos, eso era lo que él pensaba.

CAPÍTULO X

Los helicópteros

RIONEGRO, ANTIOQUIA, SÁBADO 28 DE JUNIO DE 2008
(CUATRO DÍAS ANTES DE LA OPERACIÓN JAQUE)

El ministro de Defensa, Juan Manuel Santos, asistió el sábado a la Feria Aeronáutica Internacional que había organizado la Fuerza Aérea Colombiana en el aeropuerto de Rionegro, Antioquia, con la participación de más de veinte países de América, Europa y Asia. Revistas acrobáticas y otras demostraciones aéreas cruzaban el cielo despejado, en tanto Santos tenía su mente y su corazón en el desarrollo de la Operación Jaque.

El evento internacional había resultado una magnífica excusa para el general Montoya en su objetivo de pintar, y hacer aparecer como civiles, los dos helicópteros en los que se realizaría el traslado de los secuestrados. Inicialmente se había pensado en alquilar dos de estas aeronaves a una compañía privada, pero se había desechado la idea para evitar cualquier posible filtración y porque se prefirió encomendar la misión a las manos expertas de los pilotos del Ejército. La tarea primordial ahora era adecuar dos helicópteros militares MI-17 de fabricación rusa, para hacerlos pasar como helicópteros de la misión humanitaria internacional.

El miércoles 25 de junio se encargó la pintura de las aeronaves a una empresa privada especializada en este tipo de trabajos. El general Montoya les dijo que las necesitaba para simular un rescate humanitario en el marco de la Feria Internacional Aeronáutica de Rionegro. Como la feria terminaba ese mismo fin de semana, era muy urgente que estuvieran listas para el sábado 29 por la mañana, a más tardar. Era un plazo muy corto, pero posible, si trabajaban a toda marcha. Con esas instrucciones, y esa premura, los helicópteros perdieron en tres días su tradicional camuflado militar y su fuselaje se pintó de blanco con naranja.

El viernes 27 de junio, en su despacho, el ministro Santos les había preguntado a los generales para cuándo tenían planeado ejecutar la operación:

—Alrededor del 12 de julio —contestaron.

—¿Cómo así? —inquirió el ministro—. Eso son casi dos semanas. ¿Por qué tanto tiempo? ¿Acaso no están los secuestrados ya a unos pocos kilómetros del lugar?

—Sí, pero todavía tenemos que afinar muchos detalles.

—No, no —dijo Santos, impaciente—, ¡no podemos dejar que pase más tiempo! Cada minuto que corre es mayor el riesgo de que algo falle, de que César y Jojoy se comuniquen satelitalmente o, incluso, de que un correo humano eche a perder todo el engaño. ¿Qué es lo que falta para empezar?

—Los helicópteros —respondió Montoya—. Están acabando de pintarlos, y tenemos que adecuarlos con los emblemas de la misión humanitaria. Además, hay que instalarles los elementos de comunicación que aportarán los norteamericanos.

—¿Y cuánto es el tiempo mínimo que se requiere para tenerlos listos? —insistió el ministro.

El general Montoya pensó un momento, y le dijo:

—Yo creo que entre 36 y 48 horas. En ese plazo podemos tener todo listo.

—Entonces lancemos la operación el martes 1° de julio —propuso Santos.

—No sé, tal vez necesitemos un tiempo más por si se presenta algún imprevisto. Deme un día más para que estemos seguros —pidió el general.

—Está bien —concluyó el ministro—. Que sea el miércoles 2 de julio, pero ni un día después. Ya logramos que el pez mordiera el anzuelo, si no lo sacamos rápido del agua, ¡se nos va a escapar! No podemos correr más riesgos.

De esta forma, la operación se adelantó diez días.

Maquillando el MI-17.

Rumbo al rescate.

Regreso victorioso a la base de Tolemaida.

Uno de los pilotos.

Grupo de rescate acercándose a los guerrilleros.

Celebrando la libertad.

De la mano del ministro Santos, Íngrid vuelve a la libertad.

Thomas Howes, Keith Stansell y Marc Gonsalves llegan a Tolemaida.

El embajador Brownfield con los norteamericanos rescatados.

El general Padilla aclamado por sus hombres.

Los generales Freddy Padilla de León y Mario Montoya.

Generales Padilla y Montoya, y el teniente rescatado, Raimundo Malagón.

Acción de gracias del grupo de liberados.

¡Todo bien!, señala
Keith Stansell.

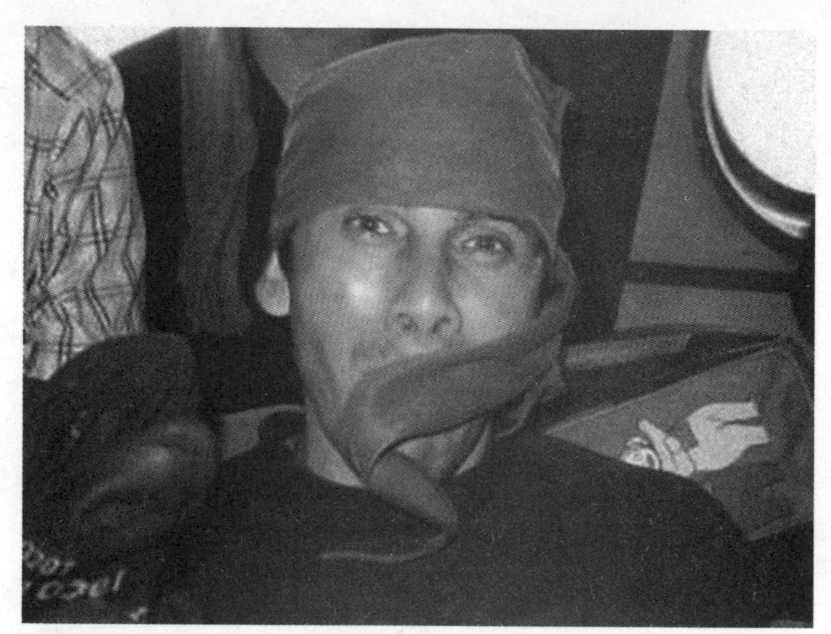

Intendente Armando Castellanos.

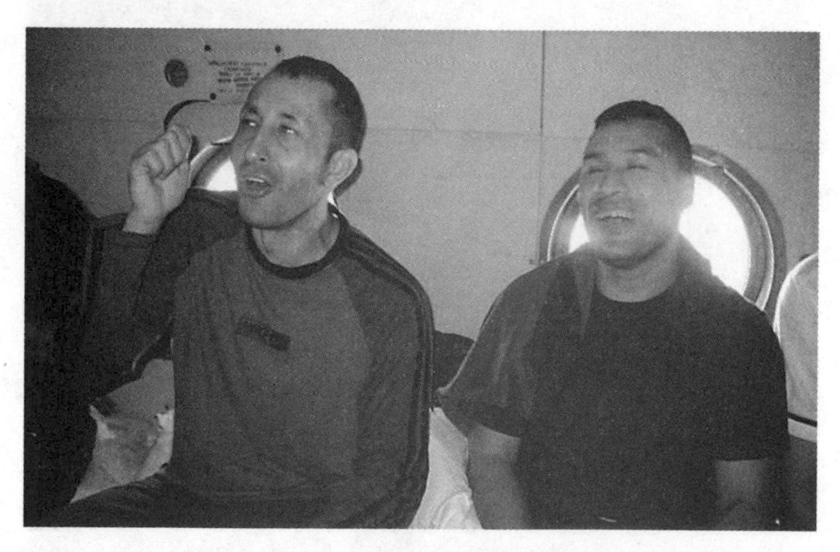

Teniente Vianey Rodríguez y cabo Julio César Buitrago.

Íngrid y el cabo William Pérez en sus primeros minutos de libertad.

El ministro Santos y el general Padilla salen hacia Tolemaida para recibir a los rescatados.

Íngrid y su madre, Yolanda Pulecio, se reencuentran después de años de angustiosa separación.

Los generales y los rescatados celebran al llegar a Bogotá.

Íngrid recibe la llamada del presidente Sarkozy, desde Francia.

El cabo José Miguel Arteaga y su mascota traída de la selva.

El general Montoya abraza a Íngrid, rodeado por Jorge Eduardo Géchem, el general Padilla y Yolanda Pulecio.

El sargento José Ricardo Marulanda les relata a sus compañeros los sufrimientos del secuestro.

El teniente Malagón habla ante la prensa al lado del ministro Santos y el general Padilla.

Yolanda Pulecio, de rodillas al lado de Íngrid. De pie, el ministro Santos y el general Padilla.

El almirante Guillermo Barrera habla con el teniente Rodríguez y el intendente Castellanos.

De derecha a izquierda: general Óscar Naranjo, general Mario Montoya, ministro Juan Manuel Santos, Íngrid Betancourt, Yolanda Pulecio y el general Freddy Padilla.

CAPÍTULO XI

La trama

BOGOTÁ, OFICINAS DE INTELIGENCIA,
25 A 29 DE JUNIO DE 2008

Entre el 24 y el 25 de junio se unieron al grupo de trabajo cuatro nuevos integrantes, entre ellos otro oficial de inteligencia, un médico militar y dos mujeres agentes de inteligencia. Los dos últimos participantes —un soldado profesional con conocimientos de enfermería y un exguerrillero desmovilizado— no llegarían sino hasta el 27 y 28 de junio, respectivamente, con lo que se completaban los once que viajarían a ejecutar el rescate, además de los pilotos, copilotos, ingenieros y técnicos de vuelo de los helicópteros.

Definido ya el argumento de la obra de teatro, había llegado el momento de repartirse los papeles y acabar de montar el tinglado para que la trama resultara convincente. De ello dependerían sus propias vidas y la libertad de quince personas que llevaban años soportando la más cruel de las pesadillas.

Muy importante en esta fase fue la participación de un oficial de logística del estado mayor del coronel Navas y de un grupo de suboficiales a su cargo que montaron, en el término de pocos días, el sustento físico y virtual de la fachada. Buscaron o crearon indumentarias, elementos, escudos y escarapelas; montaron una página web que soportara la existencia de la organización internacional ficticia; elaboraron protocolos y documentos de la supuesta misión humanitaria que dieran credibilidad a sus acciones, tarjetas de presentación e identificaciones de los diferentes personajes, en fin, todo lo necesario para que la operación no tuviera fallas.

No hubo un solo elemento que pidieran los "actores" de la operación que se les negara. El equipo de logística de la dirección de inteligencia, con una mezcla de eficacia y de ingenio, dio respuesta a todos los requerimientos, lo cual acrecentó la confianza de cada uno de los personajes.

En lo que respecta a la organización de fachada, decidieron llamarla "Misión Humanitaria Internacional". El asesor operacional elaboró un libreto en el que describía, paso a paso, la forma en que dicha misión se había constituido, los contactos previos con gobiernos amigos, las reuniones con las FARC, hasta llegar a la operación de traslado que se iba a realizar.

Según la agenda construida —que contenía fechas, eventos y personajes totalmente inventados pero que servían para que todos compartieran una historia creíble—, éstas habrían sido las últimas actividades de la supuesta misión antes de emprender su viaje a recoger a los secuestrados:

> Para el día 16 de junio de 2008 la misión internacional recibe comunicados de cada organismo con los nombres de los delegados que participarían en la misión de traslado, así:
>
> El señor José Luis Russi Caballero
>
> El señor Rachrach Jouussef Amine
>
> El señor Daniel Crossegav
>
> Las FARC asignan dos delegados del Bloque Caribe y un guía para orientar los helicópteros al punto de reubicación de los secuestrados.

Para el día 20 de junio la Misión Internacional toma contacto con un periodista por sugerencia de las FARC, con el fin de que se registre para lo histórico, y como muestra de garantía de transparencia, haciendo cubrimiento de los eventos previstos; de igual forma toma contacto con la ONG COMISIÓN POR LA LIBERTAD, con la finalidad de que asignen un médico y una enfermera, teniendo en cuenta el estado de salud de algunos de los secuestrados. Simultáneamente, se efectúan reuniones secretas entre el jefe de la comisión, JOSÉ LUIS RUSSI, y los delegados del Bloque Caribe. El día 27 de junio de 2008 se efectúa una reunión en el hotel de la ciudad de Bogotá con el fin de integrar la comisión y ultimar detalles de tipo logístico para el cumplimiento de la misión, a la espera de la determinación del punto para efectuar el traslado por parte de las FARC".

En el texto ya aparecían delineados varios de los integrantes de la misión. Fue tal el nivel de minuciosidad con el que se trabajó, que se diseñó también un libreto en el que se narraba la forma en que se había contratado a las tripulaciones, supuestamente civiles, y alquilado los helicópteros para transportar a los rehenes. Se elaboró un acta de traslado, para que la firmaran el jefe de la misión y el cabecilla del frente guerrillero, en la que se relacionaban las personas que aquél recibía y éste entregaba, y una especie de manual de procedimientos de misiones humanitarias que llevaría el jefe de misión para hacer valer ante los guerrilleros si fuera necesario. No se escapó ningún detalle.

Además, siempre se pensó en la posibilidad de que César quisiera verificar la identificación y antecedentes de la organización y de cada uno de los miembros de la misión. Para ello, se creó una página web de la Misión Humanitaria Internacional, en inglés y en español, en la que se podía comprobar su existencia e historial, con vínculos a otras organizaciones humanitarias y entidades multilaterales. También se diseñó un logo para la misión, con el fin de que lo portaran los supuestos delegados y se pusiera en lugares visibles del helicóptero.

A cada uno de los personajes se le entregaron identificaciones falsas, tarjetas de presentación y toda clase de elementos que soportaran su actuación.

Incluso, se elaboró una promesa de honor militar suscrita por los que participaron o tuvieron cualquier contacto con la misión, garantizando la total confidencialidad y reserva sobre ella. Ninguno de los implicados comentó a sus familias sobre la operación que estaban preparando, pese a que eran conscientes de que estaban poniendo en riesgo su vida o su libertad.

Mientras tanto, ayudados por una maqueta compuesta por unos helicópteros de juguete, pequeños soldados y hombrecitos de plástico, los encargados de la misión simulaban todos los escenarios posibles sobre la mesa de trabajo, analizando la forma en que debía actuar y moverse cada personaje. Pero había algo curioso en esa maqueta: las decenas de soldaditos vestidos de camuflado no representaban a militares sino a hombres de las FARC, y el puñado de muñequitos de civil serían ellos, los integrantes de la misión. Porque en esta operación de inteligencia los únicos armados serían los guerrilleros. Ahí radicaba su valor.

Durante los días en que estuvieron preparando la trama, los integrantes del grupo que ejecutaría la misión sólo salían a la calle para almorzar, e iban, con frecuencia, a los mejores restaurantes. "Quién quita que en los próximos años tengamos que comer todos los días las lentejas de las FARC", bromeaban en serio.

Después de estudiar, hasta el agotamiento, los videos de las dos liberaciones unilaterales que había realizado la guerrilla ante comisiones internacionales, el grupo de inteligencia llegó a la conclusión de que la misión debía estar compuesta por once personajes, que irían en dos helicópteros, además de la tripulación:

- El jefe de misión.
- Un delegado internacional de origen árabe.

- Un delegado internacional australiano.
- Un médico.
- Dos enfermeras y un enfermero.
- Un periodista.
- Un camarógrafo.
- Un miembro de las FARC que serviría de guía para llegar a la zona de Alfonso Cano.
- Otro guerrillero, delegado del Bloque Caribe de las FARC.

Con estos once disímiles personajes, que Íngrid Betancourt describiría después como "surrealistas", se esperaba engañar a la guerrilla, una organización paranoica y desconfiada como pocas, y hacerla entregar, por su propia voluntad, la "joya de la corona", sus secuestrados más valorados, directamente a las manos del Ejército de Colombia. No era una tarea fácil.

CAPÍTULO XII

Los personajes

Los personajes se construyeron pensando en hacerlos lo más parecidos posible a los integrantes de las misiones que habían participado en las pasadas liberaciones unilaterales, pero también teniendo en cuenta las capacidades y características de cada uno de los miembros del equipo.

En su momento, con una lista de roles posibles escritos en una cartelera, cada quien fue pensando cuál podría ser el que más se adaptaba a su físico, su forma de hablar y su experiencia, y se anotaba al lado de su posible papel. Comenzaron a apropiarse, en un período de tiempo bastante corto, de las características que debían asumir. Algunos se dejaron la barba, otros se raparon, otros se tiñeron el pelo, con el fin de asemejarse más al personaje que interpretarían. Además, en su momento, se le dio a cada uno una suma suficiente de dinero para que compraran su indumentaria y cualquier otro elemento que sirviera para caracterizarse.

Algo muy importante era eliminar todo rastro de la milicia en su comportamiento, aspecto o ropa. Tenían que cambiar hasta su forma de hablar, para evitar el tono fuerte y golpeado que distingue a los militares. Por fortuna, muchos eran oficiales o suboficiales de inteligencia, una rama del Ejército en la que, por sus propias funciones, a menudo deben comportarse y vestirse como civiles, lo que servía bastante a la representación que se estaba preparando.

Se les indicó también que todos sus vestidos, sus relojes, sus medias, su ropa interior, debían ser nuevos. Muchas de las prendas de los militares estaban marcadas con el nombre del Ejército Nacional, y un solo error, una sola media con el logo militar que detectara un guerrillero, haría fracasar la operación. Gran parte de esa ropa nueva se sometió a incontables sesiones de lavado y secado, para darle la apariencia de usada.

Para afianzar su desempeño, el coronel Navas decidió, junto con el jefe de la misión, que era conveniente buscar una academia de teatro cercana a las oficinas de inteligencia, en la que pudieran perfeccionar sus actuaciones. Pronto la gente de logística encontró una adecuada, y separaron una clase de cuatro horas para la noche del jueves 26 de junio. A los de la academia les dijeron que eran un grupo de exalumnos de un colegio que iban a montar una obra, representando una parodia de sus profesores, y que necesitaban una instrucción rápida para preparar sus papeles.

Para quienes asistieron, la enseñanza que recibieron fue fundamental. En esas cortas pero intensas cuatro horas el instructor les hizo algunos ejercicios de expresión corporal y les enseñó algo que sería fundamental para su misión: el arte de la improvisación, cómo reaccionar frente a un cambio de circunstancias o de parlamento por parte del interlocutor, sin salirse del papel que desempeñaban. La experiencia también les sirvió para superar el natural miedo escénico que pudieran tener. Al fin y al cabo, ninguno era un verdadero actor.

Aparte de esto, se le asignó a cada miembro de la misión la tarea de construir la biografía de su personaje, con una hoja de vida completa que hablara de su lugar de nacimiento, su familia, sus estudios, su experiencia laboral, de modo que sustentaran un rol creíble, primero para ellos mismos y luego ante los demás. Tenían que estar listos para contestar preguntas sobre su vida ficticia con la misma seguridad con que lo hacían sobre su propia vida.

Los generales Padilla y Montoya los visitaban a diario, pasaban revista a sus papeles y les daban consejos para mejorarlos.

—Todos están muy jóvenes aquí —dijo una vez Montoya, mientras daba un vistazo general al grupo—. Necesito que le metan más viejos, más canas, más barrigas a esta misión.

Su consejo sirvió para afinar aún más la presentación y el disfraz de varios miembros del grupo.

De esta manera, en un apresurado proceso de interiorización que ocupó la última semana de junio, cada cual fue construyendo su propio personaje: el papel de su vida.

El jefe de misión

Un protagonista indiscutible de la obra sería el mayor que había llegado por recomendación directa del general Montoya: joven, entusiasta, valiente, buen lector y apasionado por la teoría del engaño. Él asumió dos papeles coincidentes: en la ficción, era el líder y coordinador de la misión humanitaria, la persona encargada de hablar con César y de generarle confianza; en la realidad, era el jefe operacional de la misión, quien tomaba las decisiones sobre el terreno.

En principio, pensaron que lo ideal sería que el jefe de misión fuera extranjero, pero el tipo latino del mayor no correspondía a ese esquema. Finalmente decidieron que interpretaría a un colombiano que había vivido mucho tiempo en el exterior, formando parte de organizaciones internacionales, con un acento neutro, más cercano a la zona fronteriza con Venezuela, y un ascendiente italiano. Su nombre correspondería a esas características: José Luis Russi Caballero.

Sería un hombre de carácter más bien bonachón, que irradiara tranquilidad. Su experiencia laboral lo mostraría como una persona experta en derechos humanos y derecho internacional humanitario, que había realizado actividades humanitarias en Colombia y otros países del mundo. Para que aparentara más edad le pintaron canas, le arreglaron las cejas e incluso trabajaron en su forma de caminar, para que no fuera la atlética y decidida de un oficial del Ejército, sino la manera más bien lenta, incluso jorobada, en que camina un intelectual despreocupado por su apariencia. A todo esto se agregaron una barba a medio crecer y unos anteojos grandes que incrementaran su credibilidad y lo hicieran ver mayor.

En la construcción del personaje se determinó que éste debería hablar siempre en forma pausada y en voz baja para ganarse la confianza de los guerrilleros. A la postre, la situación lo obligaría a asumir una actitud por fuera de su libreto. Por fortuna habían tomado clases de improvisación.

El periodista

El mayor Dávila, acostumbrado a las tareas minuciosas y a veces solitarias de la inteligencia técnica, no imaginaba que el papel de su vida sería el de un infatigable y hablador periodista, encargado de hacerle la vida imposible a César, hasta el punto de no dejarlo pensar con claridad. Sin embargo, cuando se comenzaron a ubicar los personajes, su voz gruesa y sus habilidades de expresión lo mostraron como el más indicado para asumir ese oficio.

Desde su selección, empezó a observar con detenimiento los noticieros de televisión, que pidió que le grabaran, para analizar la forma de hablar, los movimientos, las preguntas que hacen los reporteros en su oficio diario. De manera particular, estudió los videos de Telesur en los que se escuchaba la voz del periodista, que seguía constantemente a los miembros de la comisión, a los guerrilleros y a los secuestrados liberados, siempre en busca de la escena o las declaraciones más impactantes y conmovedoras.

En el perfil de inteligencia que se tenía de César se había determinado que era una persona muy arrogante, con un ego superlativo, por lo que se decidió que el periodista debía seguirlo siempre que fuera posible para pedirle declaraciones, haciéndolo sentir el protagonista de la operación humanitaria. Así, el cabecilla del frente primero tendría poco tiempo para pensar o para detectar cualquier detalle que lo hiciera sospechar.

En cuanto a la indumentaria, se buscó imitar en forma precisa el aspecto de un reportero de Telesur, la cadena de televisión que había tenido la exclusividad en las dos operaciones de liberación previas. Era la única manera de darle credibilidad al personaje, pues no se entendería que el periodista representara a un medio diferente o desconocido, que podría ser considerado "hostil" por los guerrilleros. Luego dc estudiar los videos, se pidió al departamento logístico que hiciera una réplica exacta del chaleco usado por el periodista, el cual incluía unos parches con los logos de Telesur y de la cadena ecuatoriana Ecuavisa. Se procuró actuar con el máximo realismo para garantizar el éxito del rescate.

El camarógrafo

Alejo fue el nombre que tomó el teniente de inteligencia que desempeñó el rol de camarógrafo. Inicialmente se había pensado que el mayor Dávila fuera un periodista con cámara al hombro, pero pronto se decidió que esto no sería funcional. Si se trataba de explotar el orgullo de César, sería más fácil hacerlo con un periodista con micrófono y un camarógrafo que lo siguiera.

El joven oficial estaba en el norte del país cuando una llamada de su jefe le alteró los planes: "Véngase para Bogotá porque autorizaron su viaje al Sinaí y necesita organizar sus papeles". El teniente, ilusionado con la posibilidad de formar parte del contingente colombiano que apoya la misión de paz de las Naciones Unidas en la península del Sinaí, en el Medio Oriente, viajó de inmediato a la capital. Pero su destino era otro. Pronto, el coronel Navas le informó sobre la operación que se estaba planeando y él asumió con entusiasmo su papel, utilizando una cámara alquilada que aprendió a manejar en esos días.

Su apariencia se arregló conforme a los estereotipos de un camarógrafo acostumbrado a cubrir historias en cualquier lugar, sin importar el clima o la condición reinante. Se dejó crecer una barba tipo candado, consiguió un chaleco de reportero y bermudas con muchos bolsillos, además de una gorra que se puso al revés. Con esta indumentaria entre práctica y estrafalaria, se encargaría, junto con el periodista que interpretaba el mayor Dávila, de no dejar un momento tranquilo a César y de hacerlo creer el protagonista de la jornada.

El árabe

La ascendencia libanesa del último oficial de inteligencia que se incorporó al grupo, quien llegó de una alejada base militar, fue determinante para la selección de su papel. Su figura y su dominio del idioma árabe lo hicieron el candidato ideal para representar a uno de los miembros extranjeros de la misión humanitaria. Por eso, desde el primer día le asignaron ese papel, que él fue perfeccionando mediante lecturas e investigaciones en internet.

Era un hombre grande y alto, canoso, con experiencia en la lucha antiterrorista. Su nombre en la obra sería Rachrach Jouussef Amine, y se le llamaría por el diminutivo de Rash. Representaría a un miembro de una organización internacional de derechos humanos, que había trabajado en tareas humanitarias en el Medio Oriente, en África y Centroamérica, y que apenas sabía unas cuantas palabras de español. Sus documentos de identificación, además, se prepararon en árabe e inglés para que su fachada no tuviera fisuras.

Durante todo el tiempo de ensayos, Rash nunca volvió a comunicarse en español con sus demás compañeros, e intentaba hacerse comprender por señas, hablando siempre en árabe. Sólo otro del grupo, que imitaba la pronunciación árabe, actuaría como su interlocutor, y pretendería ser su traductor. Por lo demás, Rash representaría a un extranjero observador, amable con los guerrilleros y sus rehenes, pero un poco cascarrabias, siempre pendiente y preocupado por el tiempo. Él tendría la importante misión de generar presión y azuzar a sus compañeros para que la operación fuera lo más rápida posible. Tenían claro que cada minuto que pasaran en tierra era un minuto más de riesgo para todos.

En cuanto a su indumentaria, Rash usaría un chaleco con el distintivo que habían creado para la falsa misión y alguna prenda árabe, tipo burka, que reforzara su interpretación. Al final, y teniendo en cuenta que en las dos liberaciones unilaterales que habían estudiado un denominador común era que los delegados portaban chalecos de la Cruz Roja, se decidió que llevaría un peto con este distintivo[13].

---

13. Al menos, esa fue la versión de los once participantes en la misión, quienes después dijeron que nadie les había prohibido usar el emblema. Los generales adujeron, por su parte, que ellos habían prohibido la utilización de la insignia humanitaria. En una investigación posterior, el ministro concluyó que todos, desde el comandante general de las Fuerzas Militares hacia abajo, tenían algo de responsabilidad, pero que no se había tratado de un "pecado" grave porque nunca se tuvo la intención de usar el peto para obtener alguna ventaja militar. Por consiguiente, no se había configurado el delito de "perfidia", consagrado por la legislación humanitaria. Aun así, cuando se conoció el uso de la insignia, el presidente Uribe y el ministro Santos ofrecieron excusas públicas y privadas a la Cruz Roja Internacional. El caso no pasó a mayores.

El australiano

Un capitán del grupo de inteligencia técnica fue el escogido para desempeñar el papel del segundo delegado internacional. Era un oficial joven, decidido y muy entusiasta, que había vivido cuatro años en Australia y dominaba el inglés. También hablaba algo de francés y mascullaba muy convincentemente el árabe. Su porte informal se prestaba para su rol. Tan pronto el mayor Dávila le habló de la misión, se dejó crecer la barba, se puso aretes y se tiñó el pelo de rubio. Al igual que el árabe, durante los ensayos únicamente hablaba en el idioma de su personaje, con un español muy limitado.

Su nombre en la obra sería Daniel Crossegav, y cumpliría varias misiones importantes. Por una parte, sería el interlocutor del árabe, aunque con una personalidad mucho más simpática y abierta que la de su colega. Entraría en contacto con los guerrilleros para saludarlos en su escaso español, y también —y esto era trascendental— con los tres norteamericanos secuestrados, con quienes podría comunicarse en inglés, para convencerlos de que ingresaran al helicóptero. Si era indispensable, y en el momento oportuno, los enteraría de la naturaleza de la misión para garantizar que no opusieran resistencia.

El médico

En toda misión humanitaria, tal como habían visto en los videos de las liberaciones, la presencia de un médico resultaba fundamental. Sin embargo, no podía llevarse a un falso médico. Siempre era posible que se presentara una emergencia de salud o que requirieran sus servicios para atender a un secuestrado o un guerrillero, por lo que era indispensable conseguir la participación de un verdadero profesional de la medicina, ojalá con entrenamiento castrense.

Después de mirar hojas de vida de posibles candidatos, pronto se escogió la de un médico capitán que estaba ubicado en una base del oriente del país. Había acompañado el trabajo de varias brigadas móviles y tenía experiencia y formación como médico rescatista. En suma, era la persona indicada para representar un papel que no distaba mucho de la realidad.

Cuando el coronel Navas le informó de la misión, advirtiéndole del inmenso riesgo que se corría, el médico no tuvo objeción alguna.

—Primero que todo, mi coronel, me siento muy orgulloso porque soy el único médico que han escogido en todo el Ejército para esto. Yo participo, claro. Sólo le pido que me enseñen y me digan qué debo hacer.

—No se preocupe —respondió Navas, entendiendo que, a pesar de su formación militar, el médico distaba mucho de ser un militar de campaña o de inteligencia—. Aquí lo entrenamos.

Se consiguieron elementos de primeros auxilios, todos comprados nuevos, para no incurrir en el riesgo de que tuvieran alguna marca o logo de las Fuerzas Militares, y se trajo una primera candidata para que actuara como su enfermera.

El papel del médico en la misión consistía en ayudar a controlar a los secuestrados, indagando por su salud, atendiendo cualquier emergencia y convenciéndolos de que subieran al helicóptero.

Las enfermeras

La primera elegida para desempeñar el papel de enfermera fue una agente de inteligencia, auxiliar de enfermería. Era una joven de unos veinticinco años, que nunca había trabajado en una operación de inteligencia. Con todo, cuando el coronel Navas le esbozó el plan y la invitó a participar, no tuvo ningún reparo en aceptar el trabajo. Lo consideró como una inmensa oportunidad para aprender y para estar en una misión, y se vinculó al grupo al mismo tiempo que el médico y el iraní, asumiendo el nombre de Yuri. Con el médico tuvo una relación más cercana, pues juntos construyeron sus papeles y hojas de vida, para hacer creíble que se conocían desde hacía un tiempo y que él la había escogido para que lo acompañara en la misión.

Faltando pocos días para la operación, los encargados de la planificación juzgaron que sería bueno contar con otra mujer en el grupo, puesto que —salvo Yuri— todos los integrantes de la misión eran hombres. Por otro lado, resultaba conveniente tener un respaldo en caso de que Yuri flaqueara en su determinación a última hora. Además, era importante la presencia de otra mujer que le sirviera de soporte y compañía.

Fue así como en la mañana del lunes 30 de junio, faltando apenas dos días para la operación, el coronel Navas llamó a una segunda mujer para que se desempeñara como la enfermera número dos. Era una agente de inteligencia que, si bien no era enfermera titulada, había hecho cursos de enfermería y estaba capacitada para prestar primeros auxilios. Además, tenía experiencia en construir fachadas y había tenido contacto directo con guerrilleros. A pesar de que llegó a último momento, rápidamente se compenetró con el grupo y construyó su nueva identidad y su hoja de vida ficticia. Su nombre de batalla en la obra sería Nikita.

La tarea que se adjudicó a las enfermeras era asistir al médico en todas sus intervenciones y tratar con los secuestrados, brindándoles confianza, para convencerlos de subir al helicóptero sin oponer resistencia.

El enfermero

Por petición expresa del médico, el domingo 30 de junio se vinculó a la operación un joven soldado profesional, con entrenamiento de comando, que lo había acompañado en muchas actividades de rescate y en quien tenía plena confianza. Había hecho estudios de enfermería y su entrenamiento militar podría ser muy útil para controlar cualquier eventualidad. Infortunadamente, su fortaleza era también su debilidad, pues su carácter militar era muy marcado, en su forma de hablar y comportarse, algo que sería muy difícil de suavizar en el poco tiempo que quedaba. El mismo coronel Navas, cuando lo vio, pensó: "¡Esta cara de soldado no se la quita nadie!".

No obstante, se hicieron esfuerzos para aflojar su actitud y cambiar un poco su aspecto, para que no desentonara con el resto del grupo. Como tenía el pelo cortado al estilo militar, lo raparon completamente con el fin de darle una apariencia civil. En el escaso tiempo que tuvo, trabajó en la construcción de su hoja de vida ficticia para justificar y asimilar su nuevo papel como enfermero de una misión humanitaria.

El camarada Alberto

Durante varios días, el suboficial de inteligencia que terminaría asumiendo el papel de uno de los delegados del Bloque Occidental de las FARC se había preparado para encarnar otro personaje: el de un cubano, ya fuera enviado por el gobierno de Cuba o un ciudadano de dicho país miembro de alguna organización no gubernamental. Sus características físicas y su forma de hablar, típicas de cualquier caribeño, lo hacían ideal para este papel. Sin embargo, después de varios días de preparación para esta interpretación, los generales determinaron que no era conveniente involucrar a un supuesto nacional de un país cercano, que además facilitaba gestiones de paz al gobierno colombiano, en la comisión. Por eso, este sargento, quien también había sido boxeador aficionado, terminó representando el papel de un guerrillero.

Su misión, junto con la de un verdadero desmovilizado de las FARC que acompañó la misión, era dar tranquilidad a César y a Gafas, de modo que se sintieran acompañados por camaradas de su organización, enviados por el mismo Alfonso Cano a recogerlos y a guiarlos hasta su campamento. Posteriormente, sus habilidades como boxeador serían muy útiles para la neutralización del cabecilla del frente primero.

El sargento, compenetrado con su papel, creó e interiorizó una biografía de guerrillero, y se aprendió incluso el himno de las FARC, como parte de su preparación.

El camarada Vicente

El último personaje en integrarse al grupo, y también en enterarse de los detalles de la operación en la que iba a participar, fue un antiguo integrante de las FARC, que había militado dieciséis años en la organización guerrillera, se había desmovilizado y ya estaba reincorporado a la vida civil.

Fue seleccionado por recomendación de un oficial de inteligencia que lo conocía y porque su actividad subversiva la había cumplido, precisamente, en el área de acción de Alfonso Cano, entre el Valle y Tolima, lo que haría creíble su participación como delegado del líder de las FARC. Su papel en la misión, además de dar confianza a los dos guerrilleros que viajarían con los secuestrados, era muy concreto: él sería un enviado directo de Cano y, como tal, el único que tenía el mapa y el conocimiento preciso del lugar donde deberían aterrizar los helicópteros con los secuestrados a bordo.

Tomando en cuenta que Cano, como nuevo líder de las FARC, era el principal objetivo militar del gobierno, no sería lógico que aquél diera sus coordenadas de ubicación a nadie, ni siquiera a una misión humanitaria internacional, por temor a ser descubierto. Por ello, el papel del camarada Vicente era complementar la fachada del grupo, diciéndole a César que él, y sólo él, sabía cómo llegar al sitio donde deberían aterrizar en el área de Cano, la cual daría a los pilotos en el momento indicado.

Como es natural, al no tratarse de un militar, la información que se dio a Vicente sobre la misión fue mucho más limitada, aparte de que se le ofreció remunerarlo a cambio de que participara en la operación. No obstante, su compromiso fue igual que el de los demás, y obró con el deseo sincero —que todos compartían— de ayudar a quince personas, cautivas por años en la selva, a recuperar su libertad.

CAPÍTULO XIII

Ángel de la Esperanza

SABANA DE BOGOTÁ, DOMINGO 29 DE JUNIO DE 2008
(TRES DÍAS ANTES DE LA OPERACIÓN JAQUE)

Todos los "actores" que representarían la "obra de teatro", menos la enfermera Nikita y el camarada Vicente, se reunieron el domingo 29 en una casa campestre adecuada para retiros espirituales, en las afueras de Bogotá.

El objetivo de este encuentro era hacer un ensayo general, repasar sus actuaciones, su indumentaria, la forma en que interactuarían los unos con los otros y los roles que cumplirían dentro de la misión. Además de ellos, estaban también el general Díaz, director de inteligencia militar; el coronel Olano, director de inteligencia técnica; el coronel Navas, director de inteligencia humana, y los oficiales y suboficiales encargados de la logística y apoyo a la operación.

Ese día, en la misa dominical, se leyó un pasaje del libro de los *Hechos de los apóstoles*, que dejó profundamente impactados a quienes lo escucharon. Era la historia de la liberación del apóstol Pedro de la prisión por parte de un ángel enviado por Dios:

(...) aquella misma noche estaba Pedro durmiendo entre dos soldados, atado con dos cadenas; también había ante la puerta unos centinelas custodiando la cárcel. De pronto se presentó el Ángel del Señor y la celda se llenó de luz. Le dio el ángel a Pedro en el costado, le despertó y le dijo: "Levántate aprisa". Y cayeron las cadenas de sus manos. Le dijo el ángel: "Cíñete y cálzate las sandalias". Así lo hizo. Añadió: "Ponte el manto y sígueme". Y salió siguiéndole. No acababa de darse cuenta de que era verdad cuanto hacía el ángel, sino que se figuraba ver una visión. Pasaron la primera y segunda guardia y llegaron a la puerta de hierro que daba a la ciudad. Ésta se les abrió por sí misma. Salieron y anduvieron hasta el final de una calle. Y de pronto el ángel le dejó. Pedro volvió en sí y dijo: "Ahora me doy cuenta realmente de que el Señor ha enviado su ángel y me ha arrancado de las manos de Herodes y de todo lo que esperaba el pueblo de los judíos".

El coronel Navas, que había asistido al servicio religioso temprano en la mañana, llevó una copia de este texto y la leyó a los integrantes de la misión. Para todos, ese pasaje de la Biblia se convirtió en el mejor presagio de que ellos también, como el enviado celestial, librarían de sus cadenas a un grupo de seres humanos.

—En adelante, este grupo se llamará "Ángel de la Esperanza" —sentenció Navas.

Después de una oración grupal, comenzaron los ensayos. Primero, simularon con sillas la organización de los dos helicópteros previstos para la operación y determinaron dónde se iba a sentar cada uno, dónde sentarían a los secuestrados y a los dos guerrilleros, y cómo iban a obrar, una vez en vuelo, para neutralizar a estos últimos.

También hicieron el simulacro, en una zona verde que había aledaña a la casa de retiros, de cómo iban a distribuirse y obrar en el terreno cuando se bajaran del helicóptero y tuvieran que interactuar con los guerrilleros y los secuestrados. Un grupo de oficiales y suboficiales que trabajaban en el planeamiento, pertenecientes al estado mayor del coronel Navas, fungieron como guerrilleros y fueron especialmente exigentes con cada personaje, haciéndoles preguntas y poniéndolos en situaciones difíciles ante las cuales tenían que reaccionar.

Los ensayos se repitieron toda la tarde, perfeccionando los aspectos y los roles donde detectaban alguna debilidad. Los nervios que todos sentían los desahogaban con bromas, generalmente de humor negro, sobre los riesgos que iban a correr. Después de exhaustivas repeticiones regresaron a la casa principal, donde se organizó una especie de desfile de cada uno de los "actores", vestidos con toda la indumentaria y los elementos característicos que habían seleccionado para su papel. Entre todos, con la coordinación del mayor jefe de misión, anotaron las fortalezas y las falencias del disfraz y de la historia ficticia de cada uno, criticando lo que no les parecía convincente y ayudándose a perfeccionar hasta el último detalle. Sabían muy bien que el error de uno sería el fin de todos, por lo que estuvieron muy atentos al buen desempeño de sus compañeros.

Mientras tanto, el coronel Navas y los encargados de la logística fueron llamando, uno por uno, a los integrantes de la misión para preguntarles los datos de ubicación de sus familiares en caso de que tuvieran que avisarles de la ocurrencia de algún incidente. Fue un momento duro para todos, que los obligó a reflexionar sobre lo que estaban arriesgando en esa operación. Así como todo podía salir bien, no podían olvidar que había un riesgo importante de ser descubiertos y de ser asesinados o secuestrados por las FARC.

Ya de noche, exhaustos por los ensayos y la tensión, volvieron a sus casas, o a los lugares donde estaban pernoctando en esos días, llenos de incertidumbre. La orden era alistar una pequeña maleta con sus pertenencias y su indumentaria de fachada, acabar de completar los detalles que faltaran para perfeccionar sus personajes, y encontrarse en la mañana del día siguiente, lunes festivo, en las oficinas de inteligencia. De allí saldrían para el aeropuerto militar de Catam, donde tomarían un avión que los llevaría a la base militar de Tolemaida, cerca de la población de Melgar, Tolima, su último destino antes de partir hacia el Guaviare.

CAPÍTULO XIV

"Que la tropa esté bien presentada"

MONTAÑAS DE CUNDINAMARCA, DOMINGO 29 DE JUNIO DE 2008
(TRES DÍAS ANTES DE LA OPERACIÓN JAQUE)

Establecida ya la fecha de la operación por el ministro de Defensa, de acuerdo con los generales Padilla y Montoya, era necesario comunicarla a César para mantenerlo a la expectativa, sin que hiciera ningún movimiento por fuera de lo programado.

El domingo 29 de junio, a las diez de la mañana, desde la estación de la montaña se le envió un primer mensaje, sólo para tantear el terreno:

"CONFIRME SI HAY OPERATIVOS EN EL ÁREA. SALUDOS, JORGE".

La respuesta de César, que llegó hacia la una de la tarde, confirmó el reporte que ya había entregado el 23 de junio:

"ESTÁN EN LOS MISMOS SITIOS".

De inmediato, la falsa Andrea transmitió un texto que habían preparado y discutido con anticipación el coronel

Olano con sus analistas, y luego con los generales Padilla y Montoya:

"EL DÍA MIÉRCOLES A PARTIR DE LAS 8 DE LA MAÑANA DEBE ESTAR QAP PARA DESARROLLAR LA SITUACIÓN. EN LAS MISMAS COORDENADAS QUE USTED HABÍA ESTABLECIDO EL DÍA 24. VA UN CAMARÓGRAFO. QUE LA TROPA ESTÉ BIEN PRESENTADA PARA MOSTRARLE AL MUNDO QUE ESTAMOS EN LA MITAD DEL PLAN PATRIOTA. COORDINE CON LOS HELICÓPEROS EN VHF EN LA FRECUENCIA 174300. EXTREME LAS MEDIDAS DE SEGURIDAD Y SÓLO LO NECESARIO. SALUDOS, JORGE".

El mensaje contenía varias instrucciones de gran importancia para el éxito de la misión. En primer lugar, informaba la fecha de la visita de la comisión humanitaria con un tiempo prudencial para que llevaran a los secuestrados hasta el lugar, y confirmaba que los helicópteros llegarían exactamente a las coordenadas que César había entregado.

Era clave mantener el lugar, pues el general Padilla, quien estaba a cargo de coordinar el plan B, es decir, el cerco humanitario que se ejecutaría en caso de que algo fallara en la misión, ya había hecho todo el planeamiento operacional con base en ese preciso punto geográfico.

Fuerzas especiales del Ejército, la Armada, la Fuerza Aérea y la Policía estaban preparadas, en un amplio anillo perimétrico, para entrar a rodear la zona, y presionar una negociación directa con César sobre sus cautivos, garantizándole el respeto de su vida y la de sus hombres. En un inmenso mapa que tenía el general Padilla en la "sala de situación" contigua a su despacho, había un escenario colmado de helicópteros, aviones, fuerzas de tierra y fluviales, en el Guaviare y los departamentos vecinos, que representaba a las tropas que estaban listas para moverse en el instante en que fuera necesario.

Otra parte del mensaje halagaba de nuevo a César. Se le pidió que tuviera a los guerrilleros bien presentados para las tomas que iba a hacer el camarógrafo que acompañaría la misión. Como la guerrilla ha querido siempre desmentir que el Plan Patriota, la ofensiva militar del gobierno Uribe contra el terrorismo, ha afectado su capacidad operativa, se incluyó esta frase para hacerle ver a César que él era el responsable de mostrar al mundo una buena cara de las FARC, que desmintiera las noticias sobre su debilidad.

Finalmente, se le indicó una frecuencia en VHF (hasta ahora las comunicaciones siempre habían sido en HF) con el propósito de que coordinara lo necesario para el aterrizaje de los helicópteros.

En suma: se le dieron a César todos los elementos para que continuara confiando en las órdenes del supuesto Jojoy, y para que tuviera a los secuestrados, en el sitio indicado, el miércoles 2 de julio, en menos de 72 horas.

CAPÍTULO XV

Los ángeles encuentran pilotos

BASE MILITAR DE TOLEMAIDA, MELGAR (TOLIMA),
SÁBADO 28 A LUNES 30 DE JUNIO DE 2008

El general Javier Rey, comandante de la Brigada de Aviación del Ejército, había recibido una instrucción precisa del general Mario Montoya, comandante del Ejército: debía seleccionar a dos pilotos, dos copilotos, dos ingenieros de vuelo y dos técnicos de vuelo con la mayor experiencia y capacidad para volar helicópteros MI-17, con el fin de que participaran en una misión de altísima responsabilidad.

El general Rey, un santandereano que había fundado, en 1997, el Batallón de Helicópteros del Ejército, repasó las hojas de vida de los hombres a su cargo, y convocó a la base de Tolemaida a los ocho escogidos para la misión, que el general Montoya le había descrito en forma sucinta.

El sábado 28 se reunieron los pilotos y sus tripulaciones en unos hangares nuevos, retirados de las instalaciones en uso del Batallón de Helicópteros, con su comandante.

—Mi general —dijo uno de los pilotos dirigiéndose a Rey—, ¿qué es esta vaina?

Se refería a los dos helicópteros MI-17 que ellos conocían tan bien, que habían volado tantas veces, que ahora aparecían pintados de blanco impecable, con unas partes del fuselaje en naranja, todavía olorosos a pintura fresca.

—Tranquilo —le respondió el general—. Es para una tarea especial, algo humanitario que vamos a ejecutar en estos días. Todavía no puedo contarles los pormenores pero, por lo pronto, tenemos que construir una fachada de una empresa civil propietaria de los helicópteros, y necesito que ustedes, para la misión, utilicen otros nombres, otras identificaciones y uniformes de pilotos civiles. No puede haber ningún detalle que revele que son militares.

Los pilotos, ingenieros y técnicos siguieron las instrucciones y, con la ayuda de un suboficial de la jefatura de inteligencia humana que había llegado a acompañarlos, fueron construyendo cada uno las nuevas identidades con las que actuarían en una misión cuyo objetivo no alcanzaban a imaginar.

El domingo fue el general Montoya a revisar los helicópteros y a saludar a las tripulaciones, que ya estaban vestidas de civil, con cascos recién pintados.

—¿Qué es esa barra negra que tienen en los cascos?

—Es para los visores nocturnos, mi general.

—¡No, no! Esos visores no los usan sino los militares. ¡Tapen eso!

El personal de apoyo logístico se encargó de ocultar las barras, y los pilotos siguieron trabajando en el aprendizaje de su fachada. De acuerdo con el libreto preparado por los hombres de inteligencia, trabajarían en una empresa denominada Globo de Aviación, que habían contratado para una misión humanitaria que partiría de Bogotá.

El lunes 30 de junio, a las siete de la mañana, llegó un grupo de cinco técnicos norteamericanos para instalar unos elementos tecnológicos en la cabina de los helicópteros y en los cascos de los pilotos, tarea que concluyeron, después de innumerables pruebas, el martes por la mañana.

Se trataba de un dispositivo especial que servía para enviar una señal o comunicarse con el avión plataforma de inteligencia en caso de que algo fallara. Otro micrófono, que se instaló en la cámara de video del camarógrafo, les permitía escuchar a los pilotos todo lo que estaba ocurriendo en tierra, para estar al tanto de cualquier emergencia y poder avisar de ella.

Durante el fin de semana, los pilotos y sus tripulaciones cumplieron sus instrucciones sin saber a ciencia cierta a qué misión estaban asignados. Apenas el lunes 30, cuando llegaron desde Bogotá los demás miembros de la misión, el coronel Navas, jefe de inteligencia humana, les contó el verdadero objetivo y los inmensos riesgos de la operación.

—Si quieren participar —y no están obligados a hacerlo—, deben firmar, como ya lo hicieron los demás compañeros, una promesa de honor militar en la que se comprometen a no divulgar nada de la operación y a trabajar con todo su empeño para que la terminemos con éxito.

Los ocho hombres del aire aceptaron el reto sin vacilaciones y firmaron la promesa. Ahora los "ángeles de la esperanza" contaban con los mejores pilotos y helicópteros para transportarse al cielo, aterrizar en el infierno de las FARC y regresar, con los secuestrados, al paraíso de la libertad.

CAPÍTULO XVI

"¡Estos maricas de inteligencia son locos!"

Bogotá, oficinas de inteligencia,
lunes 30 de junio de 2008
(dos días antes de la Operación Jaque)

A los "actores" de la Operación Jaque los citaron el lunes festivo, en la mañana, a las oficinas de inteligencia donde habían practicado y planeado, algunos por casi dos semanas, todos los detalles del engaño táctico que esperaban ejecutar con éxito.

Se reunieron con el general Ricardo Díaz, director de inteligencia del Ejército; el coronel Eduardo Navas, jefe de inteligencia humana, y los demás miembros del estado mayor de planeamiento y logística de la inteligencia que habían participado en la preparación de la misión. Era una sala grande, con una mesa de juntas para veintidós personas, y frente a sus respectivos asientos estaban los documentos y credenciales que se habían elaborado para sustentar cada uno de los personajes que iban a interpretar.

El general Díaz tomó la palabra, enfatizó en la importancia de lo que estaban haciendo y el riesgo que corrían de morir o de ser secuestrados por la guerrilla.

—Si alguno de ustedes —les dijo en tono solemne— no se siente en condiciones de participar, éste es el momento para que lo diga, con toda tranquilidad, porque nadie está obligado a participar en esta misión.

El director les preguntó, uno por uno, si estaban seguros de continuar. Todos, incluyendo a la enfermera Nikita, que se había incorporado apenas esa mañana al grupo, pero que tenía una amplia experiencia en labores de inteligencia, confirmaron su intención de seguir hasta el final.

Tomaron sus documentos falsos, los revisaron y los guardaron en sus billeteras. Sus identificaciones reales quedaron bajo custodia del coronel Navas, quien las recogió y las depositó en una caja fuerte. En adelante, sólo responderían a sus nombres y personalidades ficticias. No habría más rangos ni protocolos militares. Todos eran parte de un grupo singular y heterogéneo de colombianos unidos por un mismo propósito y una sola voluntad: la liberación de los secuestrados.

Después de almorzar unas hamburguesas en las oficinas de inteligencia, a la una y treinta de la tarde se repartieron en tres vehículos y salieron hacia el aeropuerto militar de Catam para abordar el avión que, en tan sólo quince minutos, los llevaría a la base militar de Tolemaida. En el aeródromo conocieron al camarada Vicente, el exguerrillero que ayudaría a completar la fachada, quien no conocía aún los pormenores de la operación. Con su llegada, el grupo de los once quedaba completo. El general Díaz les dio a todos un abrazo de despedida, y el avión tomó altura con rumbo al suroeste.

Base militar de Tolemaida

Hacia las tres de la tarde arribaron a Tolemaida los hombres y mujeres que se habían preparado para ir a la misión, junto con el coronel Navas y los oficiales y suboficiales encargados del planeamiento y apoyo logístico de la operación.

El calor, característico de esa zona del Tolima, los recibió con una bocanada de aire caliente y húmedo tan pronto se bajaron del avión. Unos carros los estaban esperando, y los llevaron directamente a las instalaciones del Batallón de Helicópteros donde estaban resguardados los dos MI-17, estrenando apariencia.

Se dirigieron al hangar, donde los recibió con especial hospitalidad el general Javier Rey, comandante de la Brigada de Aviación del Ejército. También los esperaba, para su sorpresa, el propio comandante del Ejército Nacional, el general Mario Montoya, y las tripulaciones, todavía ignorantes de los pormenores de la misión.

Para los recién llegados la visión de los helicópteros fue emocionante. Allí estaban al fin, como dos caballos de madera a las puertas de Troya, las aeronaves que los llevarían, en menos de dos días, hasta los secuestrados, y en las que esperaban regresar con el reporte de misión cumplida.

También resultó impactante para ellos el encuentro con el general Montoya, el comandante de su institución, vestido con pantalón camuflado y camiseta verde, listo para trabajar con ellos, hombro a hombro, en la preparación de la tarea más importante de su vida. Era muy estimulante para los oficiales, los suboficiales, el soldado y las agentes de inteligencia del Ejército ver a su líder, a un experimentado general de tres soles, vestido como un combatiente más, tan comprometido y entusiasta con la operación que iban a llevar a cabo. Como alguien comentó, "tenía la pinta y la energía de un subteniente recién egresado de la Escuela".

Durante el resto de la tarde ensayaron cada uno de los movimientos que iban a efectuar: cómo se sentarían en el helicóptero, cómo bajarían a tierra, en qué orden, qué papel cumpliría cada uno, cómo interactuarían, qué harían ante situaciones imprevistas, cómo neutralizarían a César y al otro guerrillero que viajara con él (que sería Enrique Gafas) una vez que estuvieran en vuelo. Varias veces subieron a la aeronave, donde hacía un calor insoportable, y, empapados de sudor, practicaron las llaves de sujeción que aplicarían a los dos secuestradores para inmovilizarlos y desarmarlos si fuera el caso. El general Montoya, como buen lancero, les enseñó diversas técnicas de lucha hombre a hombre, con tal realismo que algunos salieron casi lesionados.

El entrenamiento fue agotador, pero sirvió para unir aún más al grupo y para aliviar la tensión. Después de repetir tantas veces sus movimientos y sus parlamentos, los once "actores" y las tripulaciones fueron tomando más y más confianza.

Al final de la tarde, el mayor Gonzalo Dávila, ahora compenetrado en su papel de periodista, recibió una llamada de su equipo de trabajo en la central de inteligencia técnica. Allí estaban sus compañeros, revisando, como siempre, las actividades del día y los mensajes recibidos y enviados: su jefe, el coronel Fernando Olano; el capitán que siempre lo acompañó en la planeación y ejecución del engaño electrónico; las dos operadoras de la estación de la montaña, y los dos criptoanalistas que las acompañaban.

El coronel Olano, previamente a esta llamada, había reunido a su grupo y les había pedido que revisaran, paso a paso, la secuencia de mensajes que se habían enviado y recibido en la tarea de suplantación entre César y el Mono Jojoy.

—Señores —les dijo—, en este momento los únicos que podemos parar la operación somos nosotros, si es que tenemos alguna duda sobre el engaño que comenzamos y llevamos a cabo. Le pido a cada uno que, a conciencia, me diga qué decisión cree que debemos tomar para comunicarles a nuestros hombres. Ellos son los que van a montarse en los helicópteros, los que van a exponer su pellejo y a arriesgar su vida. Yo no quiero mañana tener el peso en la conciencia de que lo que vamos a hacer no sea totalmente seguro.

Entonces el coronel Olano le preguntó a cada miembro del equipo:

—¿Qué tan tranquilo se siente con el engaño que hemos desarrollado? ¿Qué grado de credibilidad le da a lo que estamos haciendo?

—Estoy completamente seguro —respondió el capitán.

—Ciento por ciento —dijo uno de los sargentos criptoanalistas.

—Seguro —manifestaron las dos operadoras.

—Yo creo que más o menos en un 90% —concluyó el otro criptoanalista.

—Eso es normal —dijo Olano—. Eso es un margen de error muy pequeño, razonable, porque decir que una operación de éstas está garantizada en un 100% es prácticamente imposible.

Con esa seguridad ratificada por su equipo, el coronel Olano llamó al mayor Dávila, en Tolemaida, le pidió que acercara al australiano, un capitán que también era de su equipo de inteligencia técnica, y a otros miembros de la misión, y que activara el altavoz del celular. Cuando ya estaban varios reunidos, les dijo:

—Muchachos, en nombre de todos los del grupo de inteligencia técnica queremos decirles que tenemos toda la seguridad de que el miércoles van a regresar con la victoria y con nuestros secuestrados. Hemos hecho todo bien, y hoy quisiera transmitirles esa tranquilidad a ustedes, que son los que arriesgan la vida en la misión.

Los otros cinco miembros de la inteligencia técnica también pasaron, uno por uno, al teléfono y dieron un mensaje de aliento a los ejecutores de la operación. Era su forma de ratificar su compromiso con el duro trabajo que habían realizado en los últimos meses:

—Mayor —le dijeron de manera especial a Dávila—, usted ha sido la cabeza de esto que estamos desarrollando, y por eso estamos seguros de que todo va a salir bien. Dios está con nosotros y vamos a tener éxito en la operación.

Finalmente, el coronel Olano hizo pasar a quien desempeñaba el papel del australiano porque se había enterado, por el mayor Dávila, de que había estado muy inquieto y preocupado pensando en la suerte que correría su pequeño hijo si a él le llegara a suceder algo.

—Capitán —le dijo—, esté tranquilo porque a su hijo no le va a faltar nunca su padre ni nadie que lo apoye y lo quiera. Y le digo una cosa: aquí, en la inteligencia técnica, esta operación llevará el nombre de su hijo, para que ese ángel de inocencia proteja nuestras intenciones. No se le olvide que va a regresar y le va a demostrar a su pequeño que usted es un héroe, que arriesgó todo por salvar a unas personas que están sufriendo mucho.

El capitán, emocionado, sólo acertó a agradecerle a Olano por el gesto que tenían con él y con su hijo, y le repitió que iba a poner todo de su parte para que la misión fuera un éxito.

Terminados los ensayos, que los dejaron a todos exhaustos por la intensidad y realismo con que los vivieron, volvieron al casino del Batallón de Helicópteros, donde comieron en una mesa común, aparte de los demás miembros de la unidad militar, junto con el general Montoya y el general Rey. No dejaba de ser extraño, para quienes los contemplaron desde lejos, ver a ese grupo de oficiales y suboficiales vestidos de civil, algunos con barba, patillas largas, aretes o el cabello pintado, cenando en compañía de sus máximos comandantes. Más tarde, un piloto amigo del australiano le preguntó qué era lo que estaban planeando. El capitán, por supuesto, no le dijo nada.

—¡Estos maricas de inteligencia son locos! —fue la reacción que consiguió de su amigo, mientras seguía su camino.

CAPÍTULO XVII

"¿Podemos llevar pistolas?"

MONTAÑAS DE CUNDINAMARCA, LUNES 30 DE JUNIO
Y MARTES 1° DE JULIO DE 2008

El lunes, en la comunicación de las diez de la mañana, César sorprendió al grupo en la estación de la montaña con un mensaje inesperado:

"¿PODEMOS LLEVAR UN PAR DE PISTOLAS? SALUDOS, CÉSAR".

El coronel Olano y su gente, para ganar tiempo, contestaron en el programa del mediodía:

"VAMOS A CONSULTAR CON LA COMISIÓN. SALUDOS, JORGE".

Era natural, dentro de la fachada, que una decisión así no pudiera tomarse sin hablar con la supuesta misión internacional que estaba a cargo del traslado de los secuestrados. Después de enviada la comunicación, se consultó con los generales Padilla y Montoya, y finalmente se llegó a la conclusión de que había que permitirles a César y a su compañero que llevaran armas. Por lo menos en una primera instancia, mientras se ingeniaban alguna estratagema para quitárselas. No darle esa autorización a una persona como César, acostumbrado a cargar su pistola o su fusil todos los días, como símbolo de su poder, habría despertado desconfianza en el jefe guerrillero. Fue así como el día siguiente, 2 de julio, en el programa de las diez de la mañana, se transmitió un escueto mensaje de confirmación:

"LLÉVELAS".

Ya luego, en el grupo de trabajo, se decidió que sería el australiano, como delegado de una organización humanitaria, el encargado de llamar la atención sobre las armas de los secuestrados y de pedir, en su escaso español, que no las portaran en el helicóptero.

En contraste con la situación de los guerrilleros, ninguno de los miembros de la misión ni de la tripulación iría armado, pues sabían que una sola requisa en la que les encontraran un arma sería el fin para todos. Eso daba a la operación un carácter todavía más arriesgado y atrevido. Un puñado de hombres y mujeres, indefensos, tenían la misión de ingresar a una zona custodiada por decenas de guerrilleros armados hasta los dientes y de liberar a quince secuestrados sin más herramientas que su ingenio y su coraje.

CAPÍTULO XVIII

Una noticia llega a las selvas del Guaviare

BOGOTÁ, CASA DE NARIÑO, LUNES 30 DE JUNIO DE 2008
(DOS DÍAS ANTES DE LA OPERACIÓN JAQUE)

El secretario de prensa de la Presidencia de la República, César Mauricio Velásquez, leyó, como siempre lo hacía, desde las escaleras del primer piso de la Casa de Nariño, un escueto comunicado que causó revuelo en los medios de comunicación, en el que informaba lo siguiente:

> Dos delegados europeos ingresaron en los últimos días a Colombia y pidieron autorización al gobierno para desplazarse a un encuentro directo con el secretariado de las FARC, autorización que el gobierno concedió.

No hizo más comentarios.

El texto del comunicado —dictado a Velásquez por el mismo ministro de Defensa, principal interesado en su divulgación— no decía nada que no correspondiera a la realidad. En efecto, la semana anterior el gobierno había autorizado al francés Noël Saez y al suizo Jean Pierre Gontard para que se desplazaran a una zona del país donde presuntamente hablarían con un emisario de Alfonso Cano.

Esta situación servía, de manera providencial, para los fines de la Operación Jaque, pues le confirmaría a César, cuando se enterara por la radio, que sí había movimientos de misiones internacionales en el área de su máximo líder, que estaban autorizados por el gobierno colombiano y que, seguramente, él sería parte fundamental de un episodio histórico en la vida de las FARC.

La noticia se regó como pólvora por medios nacionales e internacionales. El diario *El País*, de España, lo resaltó así en su edición del 1º de julio:

> Bogotá ha autorizado la reunión de dos negociadores europeos para discutir las condiciones para futuros encuentros para discutir el futuro de los secuestrados por las FARC, según han informado los medios colombianos. El antiguo cónsul francés en Bogotá, Noël Sáenz (sic), y el diplomático suizo Jean-Pierre Gontard partieron a comienzos del pasado fin de semana hacia un punto de encuentro en las montañas que el gobierno no ha facilitado y podrían haberse reunido ya con miembros del secretariado de la guerrilla, el principal órgano directivo, e incluso con el nuevo líder de las FARC, Alonso (sic) Cano.
>
> Los diplomáticos llevan el encargo de iniciar conversaciones acerca de la creación de una zona para un posible encuentro entre el gobierno colombiano y la guerrilla a fin de discutir el futuro de los rehenes, entre los que se incluye la parlamentaria Íngrid Betancourt.

Similares notas aparecieron en otros medios de prensa, como *Le Figaro* de Francia y *El Tiempo* de Colombia, y hallaron eco en varios programas radiales del país, como *La Luciérnaga*, de la emisora Caracol básica. De esta manera, tal como quería el gobierno colombiano, llegó la onda noticiosa a las selvas del Guaviare, donde la escucharon los secuestrados y el mismo César, los primeros con expectativa y el segundo con satisfacción. La misión humanitaria internacional, para la que él estaba preparando un digno recibimiento, debía tener relación con esa otra comisión que, al otro lado del país, iba a comunicarse con Cano. Las fichas encajaban a la perfección. Como había pensado el ministro Santos cuando se enteró de la visita de Saez y Gontard, Dios estaba de parte de la libertad.

CAPÍTULO XIX

"Ésta es la misión de su vida"

Base militar de Tolemaida, Melgar (Tolima),
martes 1° de julio de 2008
(un día antes de la Operación Jaque)

La mañana del martes los miembros de la misión continuaron su preparación. Mientras los encargados de apoyar la parte logística se dedicaron a reunir y revisar cada uno de los elementos que iban a llevar en los helicópteros, los "actores" volvieron al hangar para seguir ensayando.

La fachada de las dos aeronaves se había complementado con nuevos detalles. En las puertas y en la parte inferior se habían pegado gigantescas calcomanías con el emblema creado para la falsa misión internacional: una paloma roja sobre un fondo blanco y azul. La fachada de la organización internacional era tan completa que, además de tener su propia página web, se había montado una oficina en Bogotá con personal de inteligencia atento para responder cualquier llamada telefónica que se hiciera para confirmar la realidad de la entidad. Pero no sólo respondían por la organización humanitaria. Estaban listos, con diez líneas telefónicas, para confirmar la fachada de cualquier miembro de la misión. Si llamaban preguntando por el médico, contestarían de un hospital; si indagaban por el periodista, responderían de un noticiero, y así con todos los demás personajes.

Además, se colocó en partes visibles del helicóptero un símbolo con un fusil cruzado por una raya roja, como una indicación de que estaba prohibido portar armas en su interior. Esta señal serviría para que el australiano, en su momento, les solicitara a los guerrilleros que entregaran sus pistolas.

Desde la noche anterior, a todos les habían repartido un pantalón de sudadera y una camiseta para que no utilizaran los trajes de sus personajes sino hasta el momento mismo de la operación. También les habían dado un pequeño equipo de supervivencia que les podía servir en caso de que tuvieran que huir y refugiarse en la selva. Incluía anzuelos de pesca, linterna, brújula, fósforos, bengalas de ubicación y un atomizador de gas mostaza para defensa personal. Al médico y sus enfermeros les entregaron los botiquines, la dotación de primeros auxilios, la bala de oxígeno y todo el material que se había comprado para dar el máximo realismo a su participación.

También llevarían quince chaquetas blancas para los secuestrados, que servirían para alimentar la historia de que se dirigían a una zona fría en las montañas de la cordillera Occidental y, además, para señalar dónde debían sentarse los rehenes una vez que estuvieran en el helicóptero. Como un regalo para César, el jefe de misión llevaba el libro recientemente publicado del excongresista Luis Eladio Pérez, en el que narraba su secuestro y sus vivencias durante siete años de cautiverio, varios de ellos bajo la custodia del propio cabecilla del frente primero.

La mañana pasó entre ensayos, revisión de indumentarias y equipos, y repaso de los papeles y los diálogos que tendrían entre ellos y con los guerrilleros. La tensión crecía a cada momento. Nada se quería dejar al azar. Varios miembros del equipo fumaban cigarrillo tras cigarrillo como una forma de descargar sus nervios.

Hacia las tres de la tarde, llegaron al hangar el general Padilla y el general Montoya, ambos de uniforme camuflado. Para todos en la misión, la presencia constante de sus máximos comandantes era un apoyo fundamental. También representaba la enorme trascendencia de la tarea que les habían encomendado, no sólo para los secuestrados y sus familias, no sólo para el país, sino para la misma institución militar, el ministro de Defensa y el presidente, que arriesgaban su credibilidad y su futuro con esta audaz operación.

Ese día, el general Rey había ordenado formar después del mediodía a los hombres de su batallón y había dado tarde libre al personal de oficinas para que nadie se enterara de la salida de la misión. Inicialmente, se había pensado que los helicópteros volarían el mismo miércoles desde Tolemaida, que harían un reabastecimiento de combustible a medio camino, y continuarían hasta el sitio acordado con las FARC. Sin embargo, el pronóstico meteorológico indicaba que al otro día habría mal tiempo para cruzar la cordillera, por lo que se decidió adelantar la partida y que los integrantes de la misión pernoctaran en una finca en el municipio de Puerto Rico, en el Meta, desde donde saldrían a su destino final.

Frente a ese cambio en el cronograma, más que dirigir nuevos ensayos, los generales dieron una charla de motivación y despedida. Cada una de sus palabras se instaló en el corazón y la memoria de los agentes de inteligencia que pronto saldrían a enfrentar un peligro de muerte. Sentados en el hangar, en sillas de plástico dispuestas en forma de media luna, sintieron el respaldo, y también la admiración, de sus comandantes.

Después de varios minutos de instrucciones y palabras de aliento, en los que el sentimiento estaba a flor de piel, el comandante del Ejército, tras santiguarse, encabezó una oración rodeado por los integrantes del grupo:

—Yo le quiero decir al Señor que lo que estamos haciendo, lo estamos haciendo por el bien de un poco de compañeros nuestros y de colombianos, y un grupo de extranjeros, que llevan años en la selva, y que ponemos en sus manos esta operación para que mañana los tengamos a todos de vuelta, para gloria de Colombia y gloria de nuestro Ejército.

Después del momento de recogimiento, tomó la palabra el general Padilla y les dio un estimulante discurso:

—Ésta es la misión de su vida —les dijo—. Tienen que ponerle mucha gana, todo el ánimo y todo el positivismo. Y quiero, además, que estén seguros de algo: ustedes no estarán solos en ese lugar. Detrás de ustedes hay una completa maquinaria militar, un plan B que se activará en caso de que algo falle. Aunque yo sé que no va a fallar nada. Estamos seguros de ustedes, y estamos orgullosos de su valor.

Y el general Montoya remató:

—Ustedes son los mejores entre los mejores, y saben que así es. A todos los hemos estudiado, uno por uno, para invitarlos a esta operación. De manera que siéntanse tranquilos; vayan con Dios, porque yo sé que Dios siempre está al lado de los buenos y nosotros somos los buenos, y Dios está con nosotros. ¡Yo tengo la certeza absoluta de eso!

Los dos generales se despidieron de cada uno de los integrantes de la misión con un estrechón de manos y un fuerte abrazo. Luego tomaron un pequeño carro que los esperaba afuera y partieron hacia el avión que los llevaría a Bogotá.

Se suponía que el coronel Navas viajaría con ellos, pero pidió autorización al general Montoya para quedarse con el grupo hasta el último minuto en que estuvieran en Tolemaida. Unas grúas comenzaron a sacar los helicópteros del hangar, y después que prendieron motores, alteraron el ambiente con su ruido característico. Los "actores" fueron a recoger sus equipajes. De pronto todos sentían el peso de lo inevitable, de lo que ya no tiene reversa.

El coronel Navas, los oficiales y suboficiales de su equipo, y los norteamericanos que habían instalado los aparatos de comunicación despidieron en la pista al grupo de héroes. Navas, que había sido el encargado de escogerlos, de llamarlos y de prepararlos, sentía como si se estuviera despidiendo de sus propios hijos, entregándolos a la incertidumbre de una operación sin armas en territorio enemigo.

Después de fuertes abrazos y palabras de ánimo subieron a las dos aeronaves, a la tenue luz del atardecer, los once hombres y mujeres encargados de llevar adelante la trama, los ocho miembros de las tripulaciones y el general Rey, quien coordinaría el abastecimiento y buen funcionamiento de los helicópteros hasta el último momento.

Cuando los aparatos alzaron vuelo, el coronel Navas sintió que la piel se le erizaba y que las lágrimas, incontenibles, le aguaban los ojos. De pie, junto a su estado mayor de planeamiento, contempló emocionado cómo los helicópteros se perdían en la penumbra.

CAPÍTULO XX

McCain conoce el plan

CARTAGENA DE INDIAS, FUERTE DE MANZANILLO,
MARTES 1º DE JULIO DE 2008
(LA NOCHE ANTERIOR A LA OPERACIÓN JAQUE)

El ministro Santos llegó tarde, ya anocheciendo, a la reunión que sostenían el presidente Álvaro Uribe, su canciller Fernando Araújo y la embajadora en Washington, Carolina Barco, con el candidato republicano a la presidencia de Estados Unidos, John McCain, quien había decidido hacer una gira, en medio de su campaña, por Colombia y México, dos países de alta prioridad para su país en la región. El candidato había llegado acompañado por su esposa, Cindy; los senadores Joe Lieberman, del Partido Demócrata, y Lindsey Graham, republicano, y el embajador William Brownfield.

Santos había visto a McCain en varias oportunidades, durante sus visitas a Washington, e incluso se habían sentado en puestos contiguos en la Conferencia Internacional sobre Seguridad de Múnich que se celebró en febrero de 2007, la misma en la que el presidente ruso Vladimir Putin fustigó a

Estados Unidos, en una especie de relanzamiento de la guerra fría. En dicha oportunidad, McCain y Santos habían coincidido en sus intervenciones sobre la importancia de la lucha contra las drogas para combatir el terrorismo.

Después de la reunión de trabajo, anfitriones y huéspedes se levantaron para ir a comer. El ministro de Defensa le consultó al presidente, quien ya sabía que la operación de rescate se lanzaría al día siguiente, si le parecía oportuno contarle sobre la misión al senador McCain, teniendo en cuenta que ésta ya era inminente. El presidente le respondió que sí, y en el corredor, mientras se dirigían al comedor, Santos le dijo al candidato republicano:

—Senador, tengo que contarle una cosa importante.

McCain llamó a Lieberman y a Graham, y los tres escucharon con atención:

—Senador —comenzó el ministro—, le voy a decir algo totalmente secreto. Usted comprenderá su importancia, por lo que le pido que mantenga esto en la más absoluta reserva.

Y les explicó a grandes rasgos la operación que se tenía planeada para el día siguiente, en la que estaba en juego la libertad de quince personas, incluidos tres ciudadanos estadounidenses.

—*My God!* —exclamó McCain—. ¡Qué cosa tan fabulosa! Les deseo la mejor de las suertes. ¡Sería algo espectacular!

Lieberman anotó, también con gesto de admiración:

—Si ustedes hacen esto, sería un triunfo fenomenal.

McCain agradeció la confianza que depositaban en él al hacerlo partícipe de la situación y, sin más demoras, siguieron a la comida, donde no se tocó más el tema. Cuando se despidieron, el candidato se dirigió hacia el ministro con un gesto de optimismo:

—*Good luck!*

El presidente y Santos, junto con otros miembros del gobierno, regresaron a Bogotá en el avión presidencial, mientras que McCain y su comitiva se quedaron a dormir en Cartagena.

Al otro día, alrededor de las dos de la tarde, mientras el senador McCain volaba desde Cartagena hacia México, recibió una llamada del presidente Uribe, quien le participó del éxito de la misión y le contó que los secuestrados, incluidos sus tres compatriotas, habían sido rescatados.

El senador de Arizona, visiblemente emocionado, les transmitió la noticia a sus acompañantes, que también acababan de enterarse por una llamada recibida por uno de los asesores. En el avión se vivió un ambiente de celebración.

—Es un gran triunfo para Colombia —comentó McCain—. Estas operaciones conllevan mucho riesgo.

Por cuestión de minutos el candidato republicano no pudo llevar de vuelta a Estados Unidos a sus compatriotas recién liberados. Habría sido el mejor trofeo de su viaje a Colombia. Quién sabe si la historia habría sido distinta.

CAPÍTULO XXI

"¡Eso no liberan a nadie!"

SELVAS DEL GUAVIARE, MARTES 1° DE JULIO DE 2008
(UN DÍA ANTES DE LA OPERACIÓN JAQUE)

Los últimos días de junio la comida mejoró para los secuestrados. Comenzaron a comer gallina casi todos los días, y les llevaban salsa de tomate, mayonesa y otros "lujos" que no habían conocido por varios años. Desayunaban con huevos, carne, pan, chocolate con leche, e incluso les daban jugos o yogurt como refrigerio. Sin duda, las instrucciones habían surtido efecto y los guerrilleros se esmeraban por tratar bien a sus rehenes para producir una buena impresión a la comisión internacional que los visitaría.

Estaban todavía separados en tres grupos, en un terreno grande cerca del río Inírida, pero sentían la presencia unos de otros, y las especulaciones sobre lo que iba a pasar no cesaban. ¿Será que van a liberar a alguno? ¿Será que viene algún periodista o una misión médica? ¿Será que nos van a tomar otras pruebas de supervivencia?

El martes 1° de julio les dijeron que empacaran un par de mudas en sus morrales y sus elementos básicos de aseo. Nada más.

—Vamos a un sitio a ver a una gente —dijo Gafas, el más cruel de los victimarios.

—¿En qué vienen? —le preguntaron.

—En helicópteros.

Algunos, como el cabo Pérez, pensaron que la guerrilla casi nunca decía la verdad y decidieron empacar más de lo indicado. Pérez guardó sus poemas, su radio, sus audífonos, y jabones y desodorantes de repuesto en su morral. También le dijo a Íngrid que llevara la Biblia, que siempre leían entre los dos.

—Saque lo que más pueda, porque con estos manes nunca se sabe —le aconsejó.

Con sus pocas pertenencias a cuestas, los tres grupos de secuestrados llegaron a la casa donde inicialmente se había quedado el grupo de Íngrid y los norteamericanos. Allí se reencontraron los quince después de meses sin verse. Fue un momento de alegría para todos. Cada uno buscaba a su amigo más preciado, al que había perdido de vista después de compartir años en cautiverio, y todos preguntaban por lo que sabían los otros respecto a lo que iba a pasar.

—En la radio están hablando de una comisión de europeos.

—No, eso debe ser una cosa de la misma guerrilla.

Y, en medio de elucubraciones, volaban los minutos.

Ese día el almuerzo fue diferente porque cada grupo cocinó lo que llevaba. Unos comieron arroz con atún, otros arroz con sardinas, otros caldo de gallina.

Después de comer, los llevaron a todos al río y los embarcaron en un bongo, junto con otros diez guerrilleros. Fue un recorrido de unas dos horas y media, cubiertos con una carpa, aunque los dejaban levantarla cuando no había ningún bote a la vista. Poco antes de las cuatro de la tarde, desembarcaron en la orilla derecha y los llevaron a una construcción grande, una especie de bodega, con mesas de billar incluidas, en la que los de las FARC jugaron algunas partidas. Los sacaron unos minutos a bañarse en el río, y luego los devolvieron a la sede común. Era, más que una casa, un inmenso alojamiento dividido en tres espacios. Había unas colchonetas, que acomodaron en el piso, donde todos pasaron la noche ataviados con la misma ropa del día.

Aunque intentaron dormir, pocos lo consiguieron. Hacía mucho calor y las preguntas no dejaban de rondar en la cabeza. Los compañeros recién reunidos hablaban en voz baja sobre sus experiencias y hacían cábalas sobre el futuro. Algunos oyeron las noticias, y volvieron a escuchar sobre la comisión de europeos que había autorizado el gobierno para hablar con Alfonso Cano.

—¿Usted cree que liberan a alguien?

—¡Eso no liberan a nadie! —respondía alguno, evitando albergar esperanzas—. Si acaso, vienen a hacer pantalla y a tomarnos unas pruebas de supervivencia. De pronto vienen médicos a revisarnos...

La noche pasó lenta y caliente, como si no quisiera irse. Los secuestrados, tendidos en las colchonetas, durmieron mal y poco, sin saber que esa sería su última noche sin libertad.

CAPÍTULO XXII

Insomnio y zancudos

PUERTO RICO, META, MARTES 1º DE JULIO DE 2008
(LA NOCHE ANTES DE LA OPERACIÓN JAQUE)

Los dos helicópteros enfilaron hacia el oriente en medio de la oscuridad, en un vuelo nocturno que pretendía evitar cualquier filtración, incluso de parte de los controladores aéreos. Habían salido de Tolemaida un día antes de lo previsto porque los informes meteorológicos anunciaban tormentas a partir de las ocho de la noche, y no podían permitir que el mal tiempo les hiciera aplazar la operación. El objetivo era una finca situada a mitad de camino entre Puerto Rico (Meta) y San José del Guaviare, donde un grupo del Comando de Operaciones Conjuntas Especiales les había preparado un alojamiento para esa noche.

Los pilotos tenían un reto adicional. A pesar de ser expertos en el manejo de visores nocturnos —unos lentes especiales que les permiten ver en la oscuridad—, nunca los habían usado en helicópteros MI-17 para pasar la cordillera; únicamente en misiones cortas o tareas de entrenamiento.

El vuelo duró más de una hora y media, pues les tocó desviarse varias veces para evitar la tormenta que ya se cernía sobre el departamento del Huila. Terminaron cruzando por el norte, a más de quince mil pies de altura, una prueba exigente para cualquier piloto, y mucho más en medio de la noche.

En las aeronaves se vivía una combinación de cansancio y tensión después de los intensos días de ensayos. Yuri y Nikita, las enfermeras, rezaron el rosario juntas mientras sus compañeros guardaban silencio. Hacia las siete y treinta de la noche, finalmente, tocaron tierra en medio de la más cerrada oscuridad. Un oficial los estaba esperando para guiarlos hasta la casa.

Mientras caminaban lentamente, casi tanteando el aire como si fuera una pared que impidiera toda visión, el capitán que haría el papel del delegado árabe sintió un escalofrío. Como un ominoso presagio pensó que, al otro día, si las cosas no salían bien, podría estar caminando también en la oscuridad, sólo que amarrado con cadenas, quién sabe por cuántos años.

Los helicópteros se aprovisionaron de combustible y esa misma noche se verificó que quedaran listos para despegar al otro día. Al final, los cubrieron con unas lonas de camuflaje que impidieran su detección desde el aire.

La casa donde pernoctarían era una típica casa campesina rodeada por un amplio corredor con alares, debajo de los cuales les habían instalado catres de campaña para todos. Dentro había una cocina de carbón donde estaban preparando un provocativo sancocho de gallina. Ellos habían llevado desde Tolemaida unas cajas con presas de pollo asado y, casi sin darse cuenta, en medio del nerviosismo, las devoraron, lo cual no obstó para que después también dieran cuenta del sancocho y de varios trozos de carne asada que les cocinaron. Algunos pensaban, no sin razón, que esa podría ser su última cena en libertad.

Hacia las diez se acostaron en los catres e intentaron conciliar el sueño, sin éxito. El calor era insoportable y lo peor era una nube de zancudos, habitantes de un lago cercano, que no los dejaron en paz durante toda la noche. El repelente que llevaban no les hizo ninguna mella. Como alguno comentó, con resignado humor, "los zancudos comían repelente como postre luego de chuparles la sangre".

El único que durmió tranquilamente fue el camarógrafo, que inundó el ambiente con sus ronquidos. Los demás pasaron la noche en duermevela, algunos charlando en voz baja o fumando un cigarrillo tras otro. El sargento que haría el papel del camarada Alberto sacó unos habanos cubanos que compartió con algunos compañeros. Eran parte de un regalo que le llevaría a César, supuestamente enviado por el "camarada" Iván Márquez, comandante del Bloque Caribe de las FARC.

Poco antes de la medianoche, los pocos que medio dormían, menos el joven teniente que haría de camarógrafo, que no se dio por enterado, se sobresaltaron con un sonido atronador que bajaba del cielo. Era un helicóptero Black Hawk con nuevas instrucciones para la misión. Faltando doce horas para partir, el escenario cambiaba drásticamente.

CAPÍTULO XXIII

Cambio de planes

MONTAÑAS DE CUNDINAMARCA, MARTES 1° DE JULIO DE 2008
(UN DÍA ANTES DE LA OPERACIÓN JAQUE)

A las tres y quince de la tarde, en la estación de la montaña, la falsa Andrea recibió una sorpresiva comunicación de César, a través de la India, que desconcertó a los criptoanalistas y al capitán que dirigía el grupo:

"LA CARGA SON QUINCE Y DOS DEL ESTADO MAYOR DEL FRENTE".

Hasta allí todo bien. Esas eran las cuentas que tenían los de la misión para subir a los helicópteros. Pero el mensaje continuaba:

"¿SE PUEDEN LLEVAR OTROS CUATRO COMO MEDIDA DE SEGURIDAD? SALUDOS, CÉSAR".

La pregunta generó una crisis en el grupo de planeamiento de la operación. ¿Qué quería César? ¿Por qué llevar cuatro guerrilleros más? Con él y Gafas, serían seis hombres armados contra un grupo de once personas desarmadas. La situación sería muy compleja de manejar. Además, todos los entrenamientos y ensayos se habían realizado bajo el supuesto de la neutralización de dos enemigos, ¡no de seis!

Se consultó de inmediato a los generales Padilla y Montoya porque había que responder muy pronto a la propuesta de César. Entre todos decidieron que no se podía acceder a este nuevo requerimiento. Ya lo habían autorizado a llevar armas, para darle confianza, pero no podían ir más allá. Además, pensaron, cuando el Mono Jojoy daba una orden a sus subalternos, ésta no admitía cambios ni discusiones. Si ya le había dicho a César que sólo viajarían él y un compañero del estado mayor del frente, había que mantenerse en esa instrucción.

Hechas estas consideraciones, la falsa Andrea transmitió una respuesta en el estilo cortante y sin ambages de la guerrilla:

"IMPOSIBLE. SÓLO LO ORDENADO. SALUDOS, JORGE".

Bogotá, Comando General de las Fuerzas Militares, martes 1º de julio

(LA NOCHE ANTERIOR A LA OPERACIÓN JAQUE)

Cuando el coronel Navas, después de despedir a sus hombres en Tolemaida, regresó a Bogotá, en un avión que le envió el general Montoya, se dirigió de inmediato al Comando del Ejército a buscarlo, pero le informaron que estaba reunido con los generales Padilla y Díaz en el despacho del primero.

Al llegar al comando, encontró a los tres generales discutiendo una decisión trascendental. A pesar de la respuesta definitiva enviada a César, no podían arriesgarse a que éste insistiera en subir a los helicópteros a más guerrilleros. Después de considerarlo mucho, concluyeron que la mejor forma de contrarrestar esta posibilidad era que bajara uno solo, de modo que no se pudieran sumar más subversivos por física falta de espacio.

Un helicóptero como el MI-17 puede transportar, máximo, a treinta personas. Serían, entonces, cuatro miembros de la tripulación, quince secuestrados, dos guerrilleros y sólo nueve miembros de la misión, para un total de treinta. Tocaría dejar a dos por fuera, pero el sacrificio valía la pena. Si se llevaba una sola aeronave, con cupo completo, no habría forma de que César insistiera en su idea de subir a otros de sus compañeros.

Los generales concordaron en que éste era el mejor curso de acción para conjurar la crisis ocasionada por la pregunta de César, y el comandante del Ejército decidió ir, él mismo, junto con el coronel Navas, a anunciar el cambio de planes al grupo de la misión, a la finca donde estaban pasando esa última noche.

Puerto Rico, Meta, finca de aprovisionamiento

Después de viajar en avión desde Bogotá hasta la base de Apiay, cerca de Villavicencio, la capital del Meta, Montoya y Navas abordaron un Black Hawk que los llevó al punto donde estaba concentrado el grupo de la misión. Era cerca de la medianoche.

El general Rey los estaba esperando, y Montoya pidió que llamaran al mayor jefe de misión y al mayor Dávila —quien haría las veces de periodista—, los dos líderes de la operación. Rápidamente les explicó la situación y la necesidad de que viajara un solo helicóptero, con los cambios de última hora que esto implicaba. Los mayores entendieron y estuvieron de acuerdo, y definieron que, dadas las circunstancias, sólo llevarían a una enfermera, Nikita, por ser la de mayor experiencia y cancha en trabajos de inteligencia. Yuri y el soldado enfermero, a pesar de todo el entusiasmo y coraje desplegados, no participarían en el grupo que llegaría hasta los secuestrados.

Montoya, a quien los zancudos ya estaban atacando, al igual que a Navas, hizo llamar a los pilotos.

—¿Qué ordena, general?

—¿Quiénes son los de la tripulación del helicóptero número uno?

—Firmes, mi general.

—Mañana no aterriza sino el número uno. ¿Algún problema?

—No, mi general.

—Entonces, ya saben. El otro se va a quedar afuera, a cinco mil pies de altura, retirado a unas treinta millas.

Terminadas estas coordinaciones, que no duraron más de media hora, el general Montoya y el coronel Navas volvieron a despedirse de los integrantes de la misión que habían observado la charla desde la distancia, ignorantes del motivo de la visita, y salieron rumbo a la base de Apiay, donde pasarían la noche.

Todos volvieron a sus catres, sin que los dos mayores comentaran aún el cambio de planes a sus compañeros.

Hacia las dos de la mañana, desesperado por el ataque inmisericorde de los insectos, el mayor Dávila se dirigió a la cocina. Allí estaba también el jefe de misión, incapaz de conciliar el sueño. Los dos mayores hablaron largamente sobre los riesgos y consecuencias de lo que vivirían al día siguiente. Incluso revisaron la internet a través del celular del mayor Dávila —el único que estaba autorizado a tener uno, para mantenerse en contacto con su equipo de inteligencia técnica—, y leyeron las noticias sobre la comisión de los dos europeos que habían llegado en busca de Cano. La novedad los alegró mucho porque entendieron que afianzaba el engaño sobre César y les daba a ellos más seguridad.

También debatieron sobre el tema de los helicópteros. Ambos coincidieron en que, si bien sólo bajaría uno de ellos, era importante que el otro no sólo estuviera en el aire, sino que se dejara ver. En todas las misiones humanitarias que habían estudiado participaban dos de estas aeronaves. Además, tenían diseñados los libretos y documentos para mostrarle a César, en caso de que fuese necesario, sobre la base de la operación de dos helicópteros. Quedaron en comentar su inquietud con el general Rey al día siguiente, como en efecto lo hicieron.

El general, en su momento, les dijo:

—Si creen que el otro aparato debe estar visible, así lo haremos. Ustedes son los que van y los que han estudiado la situación, y si eso les da más tranquilidad, yo asumo esa responsabilidad.

Esa arrojada decisión produciría luego un gran disgusto del general Montoya con el general Rey, por haberla tomado sin consultarle. Sin embargo, los hechos se encargaron de demostrar que fue la correcta.

Fue así como, finalmente, los dos helicópteros participaron en la misión. Uno bajaría con nueve miembros del grupo, más la tripulación de vuelo, y el otro se mantendría en el aire pero visible ante los guerrilleros, con la enfermera Yuri y el enfermero soldado a bordo, atentos a cualquier contingencia.

La larga vigilia fue llegando a su fin, en medio de los cantos desafinados y extemporáneos de un gallo que acabó de justificar el insomnio.

El día había llegado.

Cuarta parte

¡JAQUE!

(miércoles 2 de julio de 2008)

CAPÍTULO I

"No hay señal, mi coronel"

MONTAÑAS DE CUNDINAMARCA /
COMANDO CENTRAL DE OPERACIONES EN BOGOTÁ

Faltaba por enviar el último mensaje, el que daría la luz verde para el inicio de la operación. Lo habían preparado concienzudamente en inteligencia técnica, siempre con el aporte y la revisión de los generales. El texto buscaba que César depositara su confianza en el jefe de misión, cuyo nombre supuesto era José Luis Russi Caballero, y algo más, que resultaba crucial para el éxito del rescate: le decía que los secuestrados irían esposados, con lo que el cabecilla del frente primero sentiría que la organización había pensado en todo y que, por ese motivo, no se requería la presencia de más hombres armados.

La realidad era que los secuestrados suponían un peligro casi tan grande como los mismos guerrilleros a la hora de ejecutar el plan. Era muy factible que los propios rehenes, una vez en vuelo, y sintiéndose mayoría, intentaran hacer algo para tomar el control y buscar su libertad, generando un riesgo difícil de controlar. Al fin y al cabo, se trataba de hombres con entrenamiento militar, desesperados después de años de cadenas en la selva, que podrían ejecutar incluso un acto suicida con tal de terminar su calvario.

Por eso se decidió llevar en el helicóptero una provisión de esposas de plástico para atarlos de manos y pies, con lo que al secuestrador no le quedaría duda del profesionalismo y la neutralidad de los enviados internacionales.

El mensaje que se tenía preparado para enviar a las ocho de la mañana desde la estación de la montaña hasta el lugar donde César tenía a los rehenes era el siguiente:

"EL JEFE DE LA COMISIÓN ES UN SEÑOR JOSÉ LUIS RUSSI. ÉL LLEVA LAS INDICACIONES DE TODO. LA CARGA DEBE IR AMARRADA. ESTAMOS PENDIENTES AHÍ PARA QUE NOS AVISE CUANDO LLEGUE LO CORRESPONDIENTE. SALUDOS, JORGE".

En la pequeña carpa la falsa Andrea intentó enviar la comunicación a la India, pero fue imposible. Había mal tiempo, interferencias y la señal era muy débil. Quedaron QAP, por si salía al aire en cualquier momento, y avisaron al coronel Fernando Olano, jefe de inteligencia técnica, que el mensaje no se había enviado todavía.

Olano estaba esa mañana, desde muy temprano, en la Jefatura de Operaciones Especiales Conjuntas, en Bogotá, donde el general Padilla y el general Díaz seguían paso a paso el desarrollo de la operación. Además, Padilla supervisaba con otros mandos militares cada detalle del plan B que había quedado a su cargo. En la "sala de control" tenían una gran mesa en semicírculo con pantallas donde se veían la cartografía del lugar, los movimientos de los helicópteros y la situación de las tropas y aeronaves que estaban listas para entrar en acción, si era necesario, para efectuar el cerco humanitario. En medio de radios y equipos especiales de monitoría, la tensión iba en aumento. En un ambiente solemne y tenso, Padilla esperaba las noticias de la central de comunicaciones de la montaña, para lanzar la operación.

Nueve de la mañana. Nueve y diez. Nueve y quince. El capitán a cargo de la estación de la montaña llamó al coronel Olano:

—No hubo programa, mi coronel. La señal está baja.

El estrés aumentaba. El general Montoya, quien estaba con el coronel Navas en la base de Apiay, en Villavicencio, llamó al general Díaz para averiguar cómo iba todo, y éste le dio el reporte de que no tenían contacto todavía.

—Salgámonos de aquí, Fernando —le dijo Díaz al coronel Olano, apenas colgó—. ¡Esta tensión está muy verraca!

En un corredor que daba al aire libre, se sentaron sobre un pequeño muro. El general encendió un tabaco y el coronel un cigarrillo, y fumaron en silencio.

Diez de la mañana. Diez y diez. Diez y quince. Llamaron de la estación de la montaña:

—No hay señal, mi coronel.

Casi al mismo tiempo, Olano recibió una llamada del coronel Navas, desde Villavicencio, quien le pasó al general Montoya:

—Fernando, ¿qué pasa? ¿Qué está pasando? —preguntó Montoya impaciente.

—Nada, mi general; tranquilo, mi general —explicó Olano—. Lo que pasa es que en este momento hay mal tiempo, la señal es bajita, pero no se preocupe, mi general, que tenemos hasta las doce, y el mensaje se envía. Yo le doy la señal de salida, aquí con mi general Díaz y mi general Padilla.

El tiempo siguió corriendo, lentamente. Once de la mañana. Once y quince.

—¿Qué pasa, capitán?

—Nada, mi coronel. Seguimos QAP. Pero confiemos en que la India salga a la comunicación en el programa del mediodía.

Las once y veinte. Llamó de nuevo el general Montoya:

—Fernando, ¿qué pasa? ¡No podemos hacer esperar más a los hombres!

La presión se hacía insoportable. El coronel Olano tomó el teléfono y llamó al capitán en la estación de la montaña:

—Hijueputa, ¡sáquelos por cualquier lado! Métale otra frecuencia, otra estación, baje la antena, muévala, pero ¡sáquelos, hermano!

—No, mi coronel —respondió el capitán, intentando mantener la calma—. Ya no podemos hacer eso. Tranquilo, que son condiciones atmosféricas. La señal estaba muy bajita, pero ya está despejando.

Once y treinta de la mañana. Olano recibió al fin la llamada que esperaba:

—Mi coronel, ¡ya despejó! Estamos en pruebas. Tenemos la señal en un cinco.

El general Padilla, que había seguido la situación minuto a minuto sin descomponerse, ordenó a todos que entraran de nuevo a la sala de control.

Once y cincuenta. Once y cincuenta y cinco. Doce del día. Doce y cinco. El capitán llamó desde la estación con la mejor noticia:

—¡Ya salió la India al programa! Estamos transmitiendo el mensaje.

César recibía, por fin, en mitad de las selvas del Guaviare, las últimas instrucciones: el jefe de la misión, que tenía todas las indicaciones de los pasos que había que seguir, se llamaba José Luis. La carga, es decir, los secuestrados, debería ir amarrada.

El coronel Olano le pasó el teléfono al general Padilla para que escuchara en directo lo que ocurría en la estación de la montaña:

—¡Enviado el mensaje! —reportó el capitán.

—¡Comiencen la operación! —ordenó el general Freddy Padilla de León, comandante general de las Fuerzas Militares de Colombia.

CAPÍTULO II

Un rosario por la mañana

BASE DE APIAY, VILLAVICENCIO /
AEROPUERTO DE SAN JOSÉ DEL GUAVIARE

A las siete de la mañana, en el casino de oficiales del batallón Serviez, en la base militar de Apiay, en Villavicencio, desayunaron el general Mario Montoya y el coronel Eduardo Navas, que estaba vestido de civil. El general, como lo hacía todos los días, se comunicó con los comandantes de divisiones en todo el país para escuchar sus reportes. Luego salieron a caminar, con Navas, por el batallón. Llegaron a la iglesia de la base militar y encontraron a unas señoras que estaban rezando el rosario. El general Montoya se sentó con ellas y se unió a la oración, en tanto Navas caminaba, ansioso, de un lado a otro.

Después de pasar un tiempo en la oficina del comandante de la cuarta división del Ejército —desde donde el coronel Navas verificó sus comunicaciones satelitales con el general Rey, en la finca de Puerto Rico, y con sus hombres de inteligencia humana, que se habían quedado en Tolemaida—, salieron para la base aérea, donde los esperaba un avión Fokker, el mismo que había servido por más de veinticinco años como avión presidencial y que ahora estaba destinado al servicio del Ministerio de Defensa y de las Fuerzas Militares. Eran las diez y treinta de la mañana.

Dentro de la aeronave los esperaban el general Luis Alfonso Zapata, jefe de educación y doctrina del Ejército; otros oficiales y suboficiales, periodistas, y unos médicos y enfermeros del Ejército, que el general Montoya había hecho llamar para que viajaran con él a recibir a los secuestrados. Ninguno, ni siquiera el general Zapata, sabía para qué habían sido citados, y el general Montoya no les contó sino hasta cuando la operación estuvo consumada.

Un poco después de las once y treinta, Montoya recibió noticias de que la comunicación entre los agentes de inteligencia en la estación de la montaña y César estaba restaurada, y dio la orden de despegar rumbo al aeropuerto de San José del Guaviare, a veinte minutos de vuelo. Al llegar, le dijo al piloto:

—No parquee en la plataforma con los demás aviones. Ubíquese en la cabecera de la pista y apague.

Nadie se bajó del Fokker. Por el contrario, subieron unos asesores y unos médicos norteamericanos enviados por la embajada de Estados Unidos para recibir a sus compatriotas.

Poco antes había partido de la base de Tolemaida un avión estadounidense con un completo equipo de comunicaciones e inteligencia, con la misión de monitorear lo que ocurriera en los helicópteros y de estar atento a cualquier señal de alarma que se recibiera desde tierra. En la aeronave, que volaría a una altura de veintidós mil pies y a unas cuarenta millas de la zona del rescate, iban un piloto y un técnico estadounidenses, y un mayor del Ejército colombiano, que había trabajado, desde mediados de junio, en la planeación de la operación en las oficinas de inteligencia humana.

A las doce y quince, el general Montoya recibió la llamada que estaba esperando del coronel Olano, desde el comando central en Bogotá, reportándole la transmisión de las últimas instrucciones a César.

—Mi general —le dijo Olano—, ya se envió el mensaje.

—Listo —respondió Montoya, aliviado, y llamó al general Rey, en la finca donde aguardaban, impacientes, los integrantes de la misión, para ordenar el despegue de los helicópteros.

CAPÍTULO III

"Doña Yolanda, cancele su vuelo"

BOGOTÁ, MINISTERIO DE DEFENSA NACIONAL

El ministro de Defensa, Juan Manuel Santos, llegó temprano a su despacho pensando en la trascendencia de la Operación Jaque. Ese día estaba en vilo el futuro de muchos: de los secuestrados, de un puñado de valientes que intentarían rescatarlos, del alto mando militar, de él como ministro, del presidente Uribe y del país mismo, en una operación insólita en la que un grupo de personas sin armas se metería en las fauces de un enemigo armado y violento para arrebatarle su tesoro más preciado.

Desde el viernes anterior le había pedido a su secretaria de toda la vida, Yolima Jiménez, que le consiguiera el teléfono de Yolanda Pulecio de Betancourt, la mamá de Íngrid, aunque no le explicó para qué lo quería.

La primera llamada que recibió el ministro el miércoles 2 de julio, como a las seis de la mañana, fue del general Montoya, quien le contó que todo iba bien y que él esperaría el regreso de los helicópteros en San José del Guaviare. Santos, por su parte, llamó al presidente Uribe a las siete, y le reportó que las cosas marchaban tal como estaba planeado.

—Yo salgo ahora para Puerto Wilches, en Santander, a visitar a los damnificados por el invierno —le comentó Uribe—. Quedo pendiente, ministro. Usted me va contando.

—No se preocupe, presidente. Vaya tranquilo y yo le aviso de cualquier desarrollo —le aseguró Santos.

Hacia las diez y treinta de la mañana, el ministro le dio unas instrucciones precisas a Yolima, quien, al igual que sus demás asesores, intuía que algo importante estaba ocurriendo.

—Llame a Yolanda Pulecio y dígale que yo no estoy, que no llego sino hasta la una de la tarde, pero que necesito hablar urgentemente con ella. Que le confirme un teléfono donde la pueda conseguir a esa hora con toda seguridad.

Después de varios intentos fallidos, finalmente Yolima pudo hablar con la señora Pulecio en su casa:

—Doña Yolanda, soy asesora del ministro de Defensa. Él me pidió que la llamara porque necesita hablar con usted más o menos a la una de la tarde.

—¿Qué será? Pero ¿para qué me quiere?

—No tengo idea, doña Yolanda. Pero el ministro me pidió que le dijera que estuviera pendiente para hablar con él a esa hora.

—Mire, señorita —respondió—, yo a las tres de la tarde tengo que estar en el aeropuerto porque salgo para París a las cinco. Así que dígale que me llame a más tardar a la una y media, porque de lo contrario no me va a encontrar.

Yolima, afanada por dejar la comunicación abierta, le pidió su número de celular y le insistió en que estuviera atenta a la llamada del ministro.

Cuando Santos se enteró del inminente viaje de la madre de Íngrid al exterior, le ordenó a Yolima que volviera a llamarla con una sugerencia perentoria. Y así lo hizo:

—Doña Yolanda, le dije al ministro que usted viajaba hoy a Francia, y él me pidió que le recomendara que cancelara el vuelo.

—Pero ¿por qué? ¿Qué pasa? ¿Qué le pasó a Íngrid?

Yolima le contestó a la atribulada señora que no sabía nada más —lo cual era estrictamente cierto— y que el ministro hablaría con ella después de la una.

La relación del ministro Santos —al igual que la del presidente Uribe— con Yolanda Pulecio, pese a que entre ellos había una amistad de vieja data, se había vuelto difícil. La madre de Íngrid, en su angustia por recuperar a su hija sana y salva, rechazaba cualquier posibilidad de un rescate militar por el riesgo que implicaba para los secuestrados, y había apostado todo a la intermediación del presidente Hugo Chávez y la senadora Córdoba, quienes no perdían oportunidad para denigrar del mandatario colombiano y de su ministro de Defensa.

Hacía casi un año, el 13 de julio de 2007, en las honras fúnebres del expresidente Alfonso López Michelsen, doña Yolanda y su hija Astrid se habían dirigido en términos muy duros al ministro Santos, recriminándole por no desechar la posibilidad de un rescate militar de los secuestrados, que para ellas equivalía a una muerte segura de Íngrid.

—¿Por qué haces eso? ¿Por qué esa actitud? Si Íngrid te quería tanto... y nosotras sabemos que tú también la quieres, que eran muy buenos amigos...

Íngrid había sido asesora de Santos a comienzos de los años noventa, cuando él era ministro de Comercio Exterior, y desde entonces habían construido una sincera amistad.

—Yolanda —le respondió el ministro, consciente de que se encontraban en un funeral—. Éste no es el momento ni el lugar para hablar de esto. Usted me conoce, conoce a mi familia, y sólo puedo decirle que yo no voy a abandonar a Íngrid. Tenga la seguridad de que no lo haré, y que lo único que espero es poder darle buenas noticias pronto.

El día de la operación, hacia el mediodía, Santos llamó a su jefa de comunicaciones, Adriana Vivas, y le pidió que citara una rueda de prensa para comienzos de la tarde. Sabía muy bien que, independientemente del resultado, tendría que enfrentar a los medios, para bien o para mal.

Estaba reunido con el almirante David René Moreno, jefe de estado mayor conjunto de las Fuerzas Militares, y el general Óscar Naranjo, director de la Policía Nacional, y pidieron unos sándwiches para almorzar.

El general Padilla llamó a las doce y treinta para comunicarle un avance alentador.

—Ministro, ya salieron los helicópteros para el sitio.

CAPÍTULO IV

Últimas horas en cautiverio

SELVAS DEL GUAVIARE, PUNTO DE ENCUENTRO

Hacia las seis de la mañana, se abrió la puerta de la bodega donde habían pasado la noche los secuestrados. La mayoría ya estaban despiertos. El sargento Flórez y el cabo Arteaga recogieron la olla en la que guardaban los orines de la noche y salieron a vaciarla fuera de la casa. Había un pequeño baño, por primera vez después de años utilizando huecos en la selva, y varios hicieron fila para usarlo. En un fogón de leña se preparó un desayuno de arepa y chocolate, que todos comieron distraídos, con la mente puesta en los sucesos que ocurrirían ese día.

Llegó César, que hasta ese momento no había visto a los plagiados. A ellos siempre los habían manejado Enrique Gafas, Ciro, el Negro Asprilla, Veneno, pero tenían poco contacto con el cabecilla del frente. A muchos les pareció que estaba enfermo, muy delgado, bastante desmejorado desde la última vez que lo vieron. César llevó a Íngrid aparte, y habló con ella por un largo rato. Entre tanto, los demás secuestrados aprovecharon para terminar de escribir sus cartas o salieron al aire libre y disfrutaron del sol, que casi no recibían en la selva. Keith Stansell, Marc Gonsalves y el teniente Rodríguez se acostaron en el piso a broncearse, mientras otros pasaban el rato fumando o tomando tinto. Los rodeaban unos cincuenta guerrilleros, que ese día vestían sus mejores pintas, con uniforme camuflado y su mejor armamento.

—¿Qué va a pasar? —le preguntó el cabo Pérez a Enrique Gafas.

—No sé nada. Sólo sé que viene una comisión, y hay que esperar. De pronto liberan a alguno, pero yo no sé nada.

Cuando Íngrid regresó de su charla con César, el cabo Pérez, su inseparable enfermero y amigo de los últimos días, le preguntó qué le había dicho:

—No, que no sabe nada. Que viene una comisión. Voy a hablar con Asprilla, que el tipo está como con ganas de decir algo.

Íngrid fue a hacer sus averiguaciones y regresó a contarle a Pérez lo que le había sacado:

—Asprilla dice que va a venir un helicóptero y que nos van a recoger. Parece que nos van a trasladar a otro frente.

—¿Y usted sí cree, doctora?

—No, no sé. Ellos tampoco saben. Asprilla también me dijo que puede que dejen salir a unos, pero eso lo dicen ellos para que uno se monte en el helicóptero y llevarlo para otro lado. ¡Eso es pura paja de ellos!

César se fue. Cruzó el río en un bote con otros guerrilleros, y se dirigió hacia dos casas que había al otro lado, una de ellas con una antena, como habilitada para comunicaciones. Entonces reunieron a los secuestrados en el salón donde estaban las mesas de billar, y les dijeron que trajeran sus morrales para una requisa. Les quitaron unos cortaúñas que les habían dado hacía una semana, los enlatados, las agujas y cualquier otro elemento punzante. Cuando se fueron, Pérez le dijo a Íngrid en tono confidencial:

—Doctora, si nosotros nos vamos a ir en un helicóptero sería bueno secuestrarlo, porque para qué nos vamos a montar allí sólo para que nos lleven para otro lado y seguir en esto toda la vida.

Íngrid, que se había dado cuenta de que en la requisa no habían encontrado ni las tijeras ni el cortaúñas que tenía escondidos entre la ropa, los sacó y se los entregó discretamente al cabo Pérez. No le dijo nada, pero en sus ojos brillaba una intención: "Si ve que puede hacer algo, hágalo".

El cabo se guardó los dos objetos cortantes dentro de su pantalón de sudadera, sin volver a mencionar la idea de tomarse la aeronave. Ya vería él cómo se presentaban las cosas.

—De pronto la liberan a usted —le dijo a Íngrid.

—¿Será, William? —le respondió Íngrid, que por primera vez concedía esa posibilidad.

—¿Por qué no? —insistió Pérez—. La guerrilla está muy golpeada militarmente y ellos tienen que buscar espacios políticos.

—Y si yo me voy, ¿qué le dejo? —comenzó a pensar Íngrid—. Le dejo unos lápices, unos esferos...

—No, yo no quiero nada, doctora. Déjeme solamente la Biblia, no quiero más. Sólo déjeme la Biblia.

Íngrid se la entregó y el cabo la guardó en su bolso. Entonces se dio cuenta de que ella sí creía que podían liberarla. Si no fuera así, no se habría desprendido de su tesoro más preciado.

Los guerrilleros volvieron para insistirles a los rehenes en que se pusieran unas camisetas blancas que les habían traído, con un letrero que decía "Sí al acuerdo humanitario". Como la vez pasada, los secuestrados se negaron a usarlas:

—Miren, esa camiseta me la pongo si nos liberan. Me les pongo hasta diez. Pero si es para hacerles el *show*, no me coloco eso —dijo el teniente Malagón.

Al igual que él, los demás compañeros se negaron a hacerles el juego a sus captores, que tuvieron que devolverse con las prendas en la mano.

A las once de la mañana sirvieron el almuerzo: arroz con lentejas y atún. Después de comer, se quedaron hablando un rato hasta que el sonido de unos helicópteros los alarmó. En la selva, siempre que escuchaban uno, era un momento de pánico, pues los guerrilleros los obligaban a ocultarse o a moverse hacia otro lugar. Esta vez fue diferente. Los mismos integrantes de las FARC estaban esperando su llegada, lo que no representaba una buena señal para los cautivos.

—¡Apúrense! Cojan sus cosas y nos vamos. Hay que cruzar el río —les ordenaron.

El sol brillaba en todo su esplendor y el calor del mediodía se dejaba sentir. Secuestradores y rehenes miraron hacia el cielo, deslumbrados por los rayos solares, y vieron dos helicópteros. Uno de ellos bajó más que el otro e hizo dos o tres vueltas de reconocimiento.

—¡Vamos, vamos! —los afanaban.

Una guerrillera empujó a Íngrid, que iba algo rezagada. Finalmente, los subieron a varias lanchas y cruzaron el cauce del río Inírida. Tan pronto se apearon en la otra orilla, observaron, maravillados, cómo una aeronave blanca y naranja, de una organización desconocida, tocaba tierra a unos pocos metros de ellos. Era la una y quince de la tarde.

CAPÍTULO V

"¡Nos vamos!"

PUERTO RICO, META, FINCA DE APROVISIONAMIENTO

Los integrantes de la misión se despertaron muy temprano. Casi ninguno había dormido bien, tan sólo unas dos o tres horas, en medio del asalto de los zancudos y el desafinado canto del gallo. Únicamente las dos enfermeras, que consiguieron camas con mosquitero, se libraron de las ronchas con que aparecieron los demás miembros del equipo.

Los dueños de la finca, que era una típica construcción campesina, ya estaban preparando café para todos. Nadie en el lugar, incluidos los militares a cargo de su custodia, conocía el propósito de la misión. A los civiles les habían dicho que se trataba de una brigada de acción cívica militar.

El mayor Dávila se levantó pensativo. Sentía la doble responsabilidad de ser el gestor y ejecutor del engaño electrónico y, al mismo tiempo, uno de los líderes de la operación de rescate, en su papel de periodista. Llamaba constantemente a su subalterno, el capitán que estaba en la estación de la montaña, y éste le reportaba que no habían podido enviar el último mensaje, el que le daría confianza a César sobre las atribuciones del jefe de misión y la decisión de esposar a los secuestrados.

La angustia crecía en la mente de Dávila. Todos se encontraban ahí porque confiaban en lo que él y sus hombres habían hecho. Pero ahora, a último minuto, las cosas no estaban saliendo como lo esperaban. "¿Será que algo está pasando? ¿Será que el enemigo está dudando?", se preguntaba el mayor, mientras observaba a sus compañeros, que hacían fila para ducharse en el único baño o preparaban los últimos detalles de sus fachadas.

Uno de los operadores de la estación tenía una explicación razonable para el problema de comunicación con el frente de César, que tranquilizó a Dávila:

—Mi mayor, mire, puede que esté pasando lo siguiente: como nosotros les dimos una frecuencia VHF para que se comuniquen con el helicóptero, de pronto ellos entendieron que era para el día de hoy y por eso no están saliendo al canal HF de siempre.

Entre tanto, el jefe de misión decidió ir a bañarse a un arroyo cercano, junto con el mayor que estaba a cargo de la custodia de la casa —que resultó ser un compañero de promoción— y otros soldados. El contacto con la naturaleza y con el agua fresca lo llenó de vigor. Su amigo le dijo:

—Curso[14], no tengo ni idea de qué es lo que van a hacer, pero, sea lo que sea, que le vaya muy bien y que Dios lo guarde.

En el transcurso de la mañana, todos desayunaron el caldo de costilla, la carne asada y el chocolate que la señora de la casa había preparado. No faltaban el humor negro y las bromas pesadas que, en medio de la tensión, los hacían desternillarse de risa:

---

14. Nombre que se da en la milicia a los compañeros de promoción.

Alguno decía, imaginando cómo sería su vida si caían secuestrados por las FARC:

—Mañana, cada quien saca su tarro.

Y alguien más agregaba, mirando las sartenes de los campesinos:

—Yo como que me voy a llevar una ollita de éstas para tener donde comer.

El general Rey, buscando animarlos, les había prometido tenerles un sancocho de gallina para cuando volvieran de su misión, por lo que para el efecto algunos pasaron unos buenos minutos tratando de atrapar las aves, sin mayor éxito.

El que no tuvo mucha suerte fue el gallo que se había encargado de mantenerlos despiertos, con su canto estentóreo, durante toda la noche. El jefe de misión decidió probar con él un aparato de descargas eléctricas, como los que se usan para defenderse de un atraco en la calle. El animal se quedó quieto por unos instantes, pero de pronto reaccionó y se levantó. Todos se rieron. Si no le hacía nada al ave de corral, ¡qué se podía esperar con un guerrillero! Entonces el sargento que haría el papel del camarada Alberto ensayó con el gallo otro elemento que llevaba en su equipo de supervivencia, un atomizador de gas pimienta. El animal, nuevamente, quedó tranquilo. No sucedió lo mismo con los seres humanos que estaban alrededor, que tuvieron que huir del lugar ahuyentados por el penetrante olor que los asfixiaba. Algo quedó claro: ¡no podían disparar el gas pimienta dentro del helicóptero!

El gallo, finalmente, se soltó de la pita con que lo tenían amarrado y salió corriendo, aunque no pudo escaparse de un destino fatal. En pocas horas, sería parte del sancocho con el que celebrarían la victoria.

Para completar las anécdotas, un técnico de la aviación del Ejército resultó herido en la nariz por un mango que le cayó de un árbol. El médico y las enfermeras lo atendieron y controlaron la hemorragia. "Fue el único herido de la misión", dirían luego. Lo triste fue que le acababan de hacer una operación para enderezarle el tabique nasal.

Hacia las diez de la mañana, el jefe de misión decidió hacer un ejercicio de grupo que los preparara para las tensas horas que les esperaban. Buscó un árbol con buena sombra y reunió a todos en un círculo. Asumiendo su papel de líder, les dirigió una inspirada arenga, con palabras de positivismo y compromiso, como las que hacen los soldados antes de entrar al combate, hablando recio para mostrar a los demás que no había miedo en su interior. Luego rezó un padrenuestro que todos pronunciaron desde el fondo de su corazón. El jefe se acordó de prácticas de relajación que había visto en algún canal sobre temas de la nueva era y les pidió que se tomaran de las manos y que respiraran fuerte, inhalando y exhalando, sintiendo que con el aire que botaban expulsaban sus temores y cualquier otro signo de energía negativa. Al final, todos dieron un grito de victoria y aplaudieron.

Sin duda, la terapia funcionó. Muchos se acercaron al orador a decirle que ahora se sentían mucho mejor, con más confianza para la operación. El mayor Dávila, que había ensayado unos minutos antes con el camarógrafo su papel de periodista, sintiendo que se trababa mucho al hacer las preguntas, volvió a ensayar después de la relajación y comprobó, con asombro, que su fluidez había mejorado mucho.

Inicialmente, tenían planeado despegar a las once de la mañana, pero la incertidumbre con las comunicaciones obligó a posponer la misión hasta el mediodía. Esa hora de espera adicional fue la más difícil de todas. Hablaban, fumaban, pero la ansiedad era inocultable.

Para entonces ya el jefe de misión les había contado el nuevo curso de acción, que implicaba que sólo aterrizaría un helicóptero y que dos miembros de la misión —la enfermera Yuri y el soldado enfermero— no irían en la aeronave que tocaría tierra. En una muestra de valor, el soldado le suplicó al médico que lo había recomendado que intercediera frente al jefe para que lo dejaran participar en el grupo que iba a bajar.

—No insista —le dijo—. Es mejor así. Las cosas siempre pasan por una buena razón.

El general Rey, por su parte, se mantenía en contacto permanente con los generales Padilla y Montoya. Un par de horas antes de salir, les dijo a los pilotos que él había autorizado que el segundo helicóptero estuviera siempre visible, sobrevolando la zona.

—Mejor, mi general —le dijo el piloto que iba a aterrizar—; de ese modo nos aseguramos en el tema de las comunicaciones. Así nosotros transmitimos al helicóptero arriba y éste transmite al avión de inteligencia.

Poco antes de las doce, quitaron las telas camufladas que cubrían las aeronaves, y los escogidos entraron y se sentaron en los puestos definidos en las prácticas. Hasta ese momento no se habían puesto los elementos distintivos de sus disfraces por cuanto había algunos civiles en la finca, así que aprovecharon el tiempo de espera para hacerlo.

Pasaron algunos minutos y no llegaba la orden de partir, porque aún no se había enviado el mensaje a César. El general Rey les dijo que volvieran a esperar en la casa, por lo que se bajaron del helicóptero algo contrariados. Fue en ese momento cuando se tomaron varias fotografías que luego se hicieron públicas, en las que se vio claramente que el oficial que representaría al delegado árabe llevaba un peto con el símbolo de la Cruz Roja, y que el periodista y el camarógrafo tenían chalecos de reporteros en los que aparecían los logos de Telesur y Ecuavisa. Las caracterizaciones reproducían fielmente las indumentarias que aparecían, una y otra vez, en los videos de las liberaciones unilaterales que habían hecho las FARC en enero y febrero.

El suboficial y el desmovilizado que harían los papeles del camarada Alberto y el camarada Vicente, por su parte, vestían camisetas negras estampadas con imágenes del Che Guevara. El jefe de misión portaba un chaleco con el emblema de la falsa organización humanitaria.

Cuando caminaban de regreso a la casa de la finca, el mayor Dávila recibió una llamada del capitán en la estación de la montaña:

—¡Se envió el primer paquete!

Dávila se volvió hacia el general Rey, quien simultáneamente recibía la orden del general Montoya en San José del Guaviare:

—¡Hágale, mi general! ¡Nos vamos!

Los pilotos prendieron los helicópteros y el ruido de las hélices encendió la emoción del momento. Antes de que subieran, el general Rey los abrazó, deseándoles suerte y recordándoles el sancocho que les esperaba cuando volvieran con el parte de "misión cumplida".

Como dos aves blancas, como dos promesas de libertad, a las doce y treinta de la tarde las aeronaves se perdieron en el horizonte con un destino incierto, el de las vidas de quienes iban en ellos, y otro preciso, muy preciso: la coordenada 0218113, 07203193.

CAPÍTULO VI

En la boca del lobo

HELICÓPTERO Nº 1, CIELOS DEL META Y EL GUAVIARE

El vuelo hasta el punto de encuentro, que quedaba a unos 130 kilómetros de distancia, demoraría entre treinta y cuarenta minutos. A pesar de la inminencia del momento esperado, todos mantenían la calma y miraban por las ventanas cómo las amplias sabanas del Meta y de la parte occidental del Guaviare se iban convirtiendo en una selva tupida, en un tapete verde sin fronteras. Era una imagen hermosa y desoladora a la vez. Hermosa por la pureza de la naturaleza, y desoladora si se pensaba que esa jungla ocultaba a decenas de seres humanos secuestrados durante años por las FARC. Se veían ríos zigzagueantes, que aliviaban de cuando en cuando la monotonía del panorama.

Nikita rezaba el rosario y muchos otros, en silencio, también oraban. Varios tomaron gotas de valeriana para controlar los nervios. El jefe de misión, procurando relajarse, leyó apartes del libro de Luis Eladio Pérez que llevaba para regalarle a César, en particular el capítulo en el que narra el momento en que llegan los helicópteros a recogerlos. Sus emotivos recuerdos de ese instante de libertad le sirvieron de aliciente, pues imaginaba lo que podrían estar sintiendo y viviendo los secuestrados con los que se encontraría en pocos minutos. El técnico de vuelo les iba haciendo señales con los dedos de cuántos minutos faltaban para llegar. Abrió dos veces ambas manos. Faltaban veinte minutos. Luego una vez las dos manos y otra una sola. Quedaban quince minutos.

El mayor Dávila, a través de su teléfono satelital, hizo contacto con su gente en la estación de la montaña para confirmar que todo estaba bien. Allí estaba el capitán, con las operadoras y los criptoanalistas.

—¿Mandaron todos los mensajes?

—Sí, mi mayor. Ya todo está enviado.

—Capitán —le dijo Dávila—, aquí vamos nueve almas que nos vamos a bajar allá. Dígame, ¿hay alguna posibilidad de que podamos fracasar en la misión o de que exista algún riesgo para los secuestrados?

—Ninguna, mi mayor.

—¿Qué le digo a la gente que está acá?

—Mire, mi mayor, ¡hágale!, que no hay ninguna duda. Hágale, que ustedes se van a traer a los secuestrados. Dígales a todos que no hay ningún problema.

A su espalda se escuchaban las voces de las operadoras y los criptoanalistas que venían trabajando desde hacía casi dos meses en esa pequeña carpa en la montaña:

—¡Que le haga! ¡Que le haga, que no hay ningún problema!

El mayor sintió el optimismo y la confianza de su gente, y se despidió de ellos, sabiendo que sólo volverían a hablarse cuando la misión hubiera concluido, si es que salía bien. Cuando colgó, percibió la presión de las miradas de los demás pasajeros del helicóptero:

—¿Qué le dijeron?

—Que le hagamos, que no hay ningún problema.

Hubo un cierto alivio en el ambiente. Dávila tomó una imagen de la Virgen María y se puso a rezar por unos cinco minutos. De pronto miró por la ventana y vio el río Inírida. Su tarea, en el momento en que estuvieran sobre el punto, era llamar a los guerrilleros por el sistema VHF, en la frecuencia que les habían entregado, para que ellos autorizaran el descenso. Intentó la comunicación:

—Somos la misión humanitaria internacional. ¿Alguien contesta?

Varias veces trató de hacer contacto. El técnico le indicaba que ya estaban sobre las coordenadas, pero nadie respondía.

—Somos la misión humanitaria internacional. ¿Alguien contesta?

El mayor sentía que el corazón le latía fuerte, con ritmo acelerado.

Unos tres mil pies arriba de ellos, el segundo helicóptero sobrevolaba. El árabe era el encargado de mirar con sus lentes de campaña para determinar si estaban los secuestrados y si había alguna señal de alarma. De un momento a otro, observó un movimiento de olas en el río y vio que estaban embarcando a unas personas en un bote pequeño.

—¿Ve a alguien con camiseta blanca? —le preguntó el jefe de misión.

—No, veo bultos, uno detrás de otro, sentados en una canoa. Están cruzando el río.

El árabe intentaba fijar la imagen, pero la vibración del helicóptero se lo impedía.

—¿Cómo están vestidos? ¿Ve a Íngrid?

—No sé, sólo veo bultos. Pero todos van de oscuro. La lancha se perdió entre unos árboles en la orilla. Ahora no veo nada.

—¿Estaban encadenados?

—Mire usted —le dijo el árabe al jefe de misión, entregándole los binoculares.

El jefe tomó los lentes y divisó una larga fila de guerrilleros armados y unas pocas personas de civil que no se alcanzaban a distinguir.

El mayor Dávila se asomó también a la ventana, y vio un paisaje con el que ya se había familiarizado a través de fotos satelitales. Un paraje despoblado, cubierto de césped, de un tamaño similar al de una cancha de fútbol, en el borde de una curva del río, rodeado por cultivos de coca, con unas sencillas viviendas en ambas riberas.

—Según las coordenadas que nos dieron, el encuentro debería ser en la orilla norte del río, pero ellos se están pasando al lado sur —comentó.

—Y además no hay nadie vestido de blanco —agregó el jefe, con gesto de preocupación. ¡Intente otra vez!

—Somos la misión humanitaria. Somos la misión humanitaria. ¿Alguien contesta?

Pero no recibían respuesta. El helicóptero ya completaba su tercera vuelta de aproximación sobre el terreno.

—No contestan, no hay nadie con camisetas blancas y nos cambiaron el sitio. ¿Qué hacemos? —le consultó el jefe de misión a Dávila. Al fin y al cabo, los dos estaban a cargo de la operación y debía ser una decisión conjunta.

El mayor reflexionó por un momento. Había razones para sospechar, pero también era cierto que los guerrilleros estaban al descubierto y se dejaban ver desprevenidamente. Tomó la decisión y exclamó, jugándose la vida en esa respuesta:

—¡Bajemos, qué hijueputas!

—Listo, ¡bajemos! —confirmó el jefe de misión.

Los demás los miraban expectantes, confiados en su decisión y admirados por la audacia de sus líderes.

El jefe le pidió al ingeniero de vuelo que informara la orden de aterrizar a la cabina.

El piloto cumplió la instrucción de inmediato y el aparato comenzó a perder altura. Al tiempo dijo en la radio, para que lo captara el helicóptero dos y lo transmitiera al avión de inteligencia: "Freno de rueda suelto". Esa era la clave convenida para que en los centros de comando en Bogotá, Tolemaida y San José del Guaviare supieran que ya estaban aterrizando.

Una vez en tierra, esperaron más de un minuto antes de abrir la puerta. Los pilotos observaron dos filas de guerrilleros en posición amenazante. Ninguno se movía. En el helicóptero, los que iban a bajar primero se pusieron en línea. Primero el árabe, que debería quedarse un momento junto a la escalerilla para generar confianza; luego el camarógrafo y el periodista, el jefe de misión, el australiano, el médico y la enfermera. El camarada Alberto se bajaría al final, y estaría siempre cerca de la aeronave, y el camarada Vicente, el exguerrillero desmovilizado, se quedaría adentro para recibir a los secuestrados y saludar a César y a Gafas cuando subieran.

El técnico de vuelo abrió la puerta y un vaho caliente golpeó a los primeros de la fila.

—¿Está bien? —le preguntó el jefe de misión al árabe.

—Sí, estoy listo —respondió el capitán, que tenía la difícil tarea de ser el primero en pararse delante de los guerrilleros.

Había llegado el momento para el que se habían preparado tanto. Se enfrentarían a sus enemigos fingiendo una sonrisa que no sentían. Literalmente, se estaban metiendo en la boca del lobo.

CAPÍTULO VII

"Ustedes son como italianos, ¿no?"

SELVAS DEL GUAVIARE, PUNTO DE ENCUENTRO

El árabe bajó la escalerilla del helicóptero y se quedó parado a un lado, mirando a los guerrilleros armados, aproximadamente veinte, que lo contemplaban a unos cien metros de distancia, delante de una cerca de alambre de púas, sin responder a su actitud cordial. Él se esforzaba por mantener visible el símbolo de la Cruz Roja, mientras el viento le levantaba el peto. Aliviado, descubrió que detrás de la alambrada, además de otro grupo grande de hombres y mujeres de las FARC, había varias personas vestidas de civil. ¡Eran los secuestrados! Esa era la prueba de que todo estaba saliendo bien.

Después de un minuto que le pareció eterno, bajaron los dos miembros del equipo de prensa. De inmediato, el camarógrafo enfocó a la distancia con el *zoom* para detectar cualquier situación de riesgo. Todo parecía normal.

El periodista se paró frente a la lente, de espaldas a los guerrilleros, y se metió de lleno en su papel:

—En medio de la selva colombiana —comenzó a decir con voz fuerte y clara—, cubriendo lo que sería un histórico momento para Colombia y para el mundo. Se trata del transporte, la reubicación, del grupo de prisioneros de guerra que se encuentra en manos de las Fuerzas Armadas Revolucionarias de Colombia – Ejército del Pueblo.

Como el camarógrafo no había visto nada extraño, volteó la cámara hacia el avión, que era la señal para que bajaran los demás:

—Vamos a observar el descenso de la comisión internacional —continuó el mayor Dávila, en su mejor tono de reportero.

A continuación bajó, con porte bonachón, el jefe de misión, caracterizado con una gorra, que sujetó con la mano, para impedir que el viento se la arrebatara. Miró a la cámara, saludó y avanzó con paso largo y relajado hacia la cerca donde estaban los guerrilleros. Lo siguieron, formando un grupo compacto, el australiano, el médico y la enfermera, a los que se sumaron los dos hombres de prensa. El árabe se dirigió también a la cerca, pero se desvió hacia la izquierda para alejarse del grupo de secuestrados. Dos de los militares secuestrados habían trabajado con él y temía que lo reconocieran, ya que se podría generar una situación de riesgo.

En el helicóptero quedaron los dos supuestos miembros de las FARC y la tripulación. Los pilotos tenían habilitados en sus cascos el dispositivo instalado por los técnicos norteamericanos en Tolemaida, el cual les permitía escuchar lo que pasaba en el terreno a través de la cámara de video del camarógrafo. Habían convenido una señal con el jefe de misión. Si éste decía que se le había perdido la billetera o hacía el ademán de que no la encontraba, eso significaba: "Ustedes despeguen, que nos descubrieron". Durante el tiempo —interminable para ellos— en que permanecieron en tierra, todo lo que deseaban era no escuchar jamás esa frase en clave.

Desde cuando aterrizaron, siempre hubo dos guerrilleros apuntando a la cabina con ametralladoras M60, a unos quince metros de la aeronave, lo que por supuesto inquietaba a los pilotos. Éstos, por su parte, se encargaron de crear tensión en las filas enemigas mediante una táctica que se había definido con anterioridad: jamás apagaron el motor del helicóptero y mantuvieron las revoluciones a la máxima potencia posible, de manera que el giro de las aspas y su sonido ensordecedor producían una sensación de urgencia que impedía pensar bien a los secuestradores.

El jefe de misión llegó hasta la cerca, encabezando el grupo, y en su papel de líder preguntó a los guerrilleros:

—¿Quién es el encargado?

Nadie respondió. Entonces mostró su reloj con impaciencia:

—No puedo perder tiempo.

En ese momento, comenzaron a dar fruto las horas de teatro y las enseñanzas sobre técnicas de improvisación. Al ver la inercia de los hombres de las FARC, el jefe abandonó su carácter tranquilo y comenzó a hablar duro:

—¿Dónde está César, el comandante? —insistió, pero tampoco obtuvo respuesta. Un mando medio del frente, posiblemente Reinaldo, observaba con gesto hosco, sin acercarse ni hablar.

El jefe de misión volteó hacia el grupo de plagiados, que estaba a unos cuantos metros, también al otro lado de la cerca, rodeado por una formación de guerrilleros en media luna, y decidió saludarlos:

—¿Cómo están? Somos una misión humanitaria internacional. Ya vamos a hablar… Espérenme.

El médico y la enfermera se quedaron dialogando con los secuestrados, indagando por su salud y tranquilizándolos. También permaneció un rato el australiano, que intentó saludar a

Íngrid, pero ella no quiso ni mirarlo. Entonces enfiló hacia los norteamericanos, que eran su objetivo principal:

—*Hi! How are you?* —improvisó con vivacidad.

—¿De dónde es usted? — le preguntaron.

—De Brisbane, Australia —respondió, siempre en inglés.

Los tres lo miraron con curiosidad.

—Más tarde hablamos —les dijo, y se fue a apoyar al jefe de misión, que seguía indagando por el líder guerrillero.

Finalmente, César salió de una de las casas; se aproximó a la cerca junto con Enrique Gafas, quien llevaba una cámara de video, y les dio la mano a los miembros de la misión con especial cordialidad. Entre los dos levantaron los alambres para permitirles cruzar.

El jefe de misión se dirigió al cabecilla:

—¿Usted es el comandante César? ¿Usted sí sabe quién soy yo?

César, quien llevaba un buzo negro de manga larga y su habitual bigote, le respondió con una sonrisa plena:

—Sí, sí, claro. Usted es el doctor Russi. ¿Cómo está? Mucho gusto. Me encanta saludarlo —y le estrechó la mano con entusiasmo.

El mayor Dávila, al ver cómo se iban desarrollando las cosas, se sintió orgulloso. Ese era el fruto del plan que habían urdido desde la central de inteligencia técnica, y ahora lo veía realizado en una forma tan perfecta que le costaba creerlo. Allí estaba su rival, confiado, sonriente y abriéndole el camino. Esa era la máxima prueba para cualquier operación de inteligencia: sentir el corazón del enemigo sin que éste se percatara del engaño.

El jefe de misión, ya calmado al ver la amabilidad de César, pronunció unas frases que había ensayado previamente, en un español extraño, con un acento no muy definido:

—Este momento es apoteósico. Usted no sabe lo que significa para mí. Yo no soy nadie para estar acá. Es una ocasión muy grande. Estoy encantado de ser el facilitador de esta importante operación.

César estaba radiante. El jefe aprovechó para presentar al médico y la enfermera, que se habían acercado a saludar, y al australiano.

—Tú, César. *I am Dan Crossegav* —dijo el supuesto delegado internacional, con su cabello rubio, su arete y su precario español. El guerrillero le dio la mano, intimidado, sin saber qué contestar.

—Bueno —apuró el jefe de misión—, tenemos que organizarnos porque no hay mucho tiempo.

—Pero antes vengan a la casa un rato y se toman algo —propuso César como buen anfitrión.

El médico, al escuchar esa frase, sintió un sobresalto. Recordó que uno de los tantos escenarios que habían contemplado en los ensayos era que los enemigos los invitaran a la casa y que, una vez dentro, los aprehendieran para interrogarlos o matarlos.

El jefe de misión, el australiano, el periodista y el camarógrafo, sin posibilidades de negarse, comenzaron a caminar por el cocal hacia la casa, acompañados por César y Gafas. El médico y la enfermera optaron por regresar donde los secuestrados. Sin embargo, una circunstancia providencial le dio otro giro a la situación: una mujer apareció corriendo por entre las matas de coca y se dirigió al líder guerrillero:

—Oiga, es que el camarada le manda decir que esto tiene que ser rápido. Que embarquen sin demoras.

César se detuvo en seco, renunció a la idea de llevarlos a la casa y empezó a discutir con el jefe de misión sobre la forma en que iban a subir al personal al helicóptero.

Pero ¿qué había pasado? No fue un hecho fortuito, en absoluto. Desde el día anterior, el mayor Dávila había coordinado con el coronel Olano y con el capitán a cargo de la estación de la montaña que, pasados unos minutos desde cuando tuvieran noticia del aterrizaje, enviaran un mensaje a la India, de parte del Mono Jojoy, en el que éste le ordenara a César que la operación tenía que cumplirse rápidamente. La comunicación no pudo ser más oportuna. Por eso la operadora salió corriendo a avisarle a su jefe, impidiendo que la delegación llegara hasta la casa, con los riesgos que implicaba cada minuto de demora. Al mismo tiempo, el sonido perturbador del helicóptero generaba una presión psicológica que obligaba a todos a comportarse con celeridad.

La India se quedó mirando al jefe de misión, intrigada, y César le preguntó:

—Ustedes son como italianos, ¿no?

—Bueno —dijo el mayor, poniendo su mejor acento de español italianizado—, la verdad yo sí tengo ascendencia italiana.

—Ya me figuraba —respondió César complacido por haber acertado—. Por el apellido, claro.

El jefe de misión aprovechó el momento de informalidad para entregarle al guerrillero el obsequio que le llevaba: las memorias escritas por Luis Eladio Pérez, que había estado bajo responsabilidad del propio frente primero.

—Mire, no sé si ya lo tenga —le dijo cándidamente a César, al tiempo que le entregaba el libro—. Cuenta muchas cosas. Unas veces se reirá, otras se enojará.

César agradeció el regalo. Entonces se acercó el árabe. Había estado saludando a los guerrilleros, dando a entender que no hablaba español, pero manifestándose con gestos amables. El jefe de misión lo presentó a César:

—Éste es el señor delegado Rash. Él es del Medio Oriente.

El cabecilla le dio la mano, atento y sonriente; el árabe murmuró algo en su lengua y siguió caminando. Saludó de mano a más de treinta guerrilleros y, en un momento dado, fue tal su confianza que acarició la cara de una muchacha bonita, rubia y muy joven, que llevaba puesto un uniforme camuflado nuevo y cargaba un reluciente fusil R-15. Pronto se dio cuenta de que estaba yendo demasiado lejos y se apartó para seguir su camino. Se acercó nuevamente a César y le dijo

—Tú, *commander*.

—Sí, yo soy el comandante —respondió complacido.

El árabe nunca más pronunció una palabra. Sólo repartió sonrisas y palmadas en el hombro. El jefe de misión, que había observado su gesto con la guerrillera, más tarde se acercó y le dijo:

—Usted siempre tan coqueto, ¿no?

Pero no fue el único que sucumbió al encanto de la guerrillerita, que tendría apenas quince años. Unos minutos más tarde, el médico, caminando hacia el helicóptero junto a ella, la vio tropezar y caer. Él la ayudó a levantarse, le limpió las manos y le preguntó si estaba bien. La niña no lo miró y respondió que sí. Como la trompetilla de su fusil quedó enlodada, su ocasional acompañante le dijo:

—Se te llenó de barro la punta de la cosa esa.

Ella no dijo nada, se sonrojó y se detuvo, dejándolo que siguiera su camino. El galeno se preguntaba cómo era posible que las FARC reclutaran a pequeñas como ésta y la obligaran a enfrentar la guerra con un fusil que ni siquiera podía cargar.

Finalmente, César, Gafas, el jefe de misión, el australiano, el árabe y los dos hombres de prensa atravesaron la cerca para acercarse al terreno donde estaba el helicóptero con su motor a plena marcha. A pocos metros, con la ayuda del médico, la enfermera y algunos guerrilleros, los secuestrados también comenzaban a cruzar y, poco a poco, con grandes resistencias, se dirigían a la aeronave.

CAPÍTULO VIII

“Ninguno es extranjero”

SELVAS DEL GUAVIARE, PUNTO DE ENCUENTRO

Íngrid Betancourt y el cabo William Pérez se aproximaron a la cerca de alambre, por detrás de un árbol, y observaron con curiosidad los variopintos personajes que empezaron a bajar del helicóptero.

—Doctora —le preguntó el cabo—, ¿usted conoce a alguno de ellos?

—No —respondió Íngrid, concentrando su mirada en los recién llegados—. No conozco a nadie.

Entonces vieron a un hombre que vestía una camiseta negra con la imagen del Che Guevara y a un reportero que llevaba un chaleco con el logo de Telesur.

“Estos manes son de Chávez”, pensó Pérez, indignado. “¡Vienen a hacer un *show*!”.

—¿De verdad no conoce a ninguno?

—No, no, bendito sea Dios. La verdad, ninguno de esos me parece extranjero.

—Pero mire ese gringo o suizo o lo que sea, con el pelo amarillo.

—No —insistió Íngrid—. Ninguno es extranjero.

Desde su lugar de observación, Íngrid y Pérez contemplaron en silencio cómo el jefe de misión cruzaba la cerca y se saludaba con César. El médico y la enfermera, mientras tanto, les preguntaban a sus compañeros si alguno tenía problemas de salud o de corazón que les dificultara volar.

La enfermera se acercó a ellos:

—¿Cómo está? —le dijo a Íngrid, amablemente.

Pero Íngrid no contestó, ni siquiera la miró. Permaneció quieta, sin pronunciar palabra, indignada. Ella había llegado a la conclusión de que esa no podía ser una verdadera misión humanitaria y creía que se trataba de una farsa más de las FARC.

El médico también se dirigió a la excandidata:

—Es un honor conocerla —le dijo.

Esta vez Íngrid levantó la cabeza y lo miró. Su gesto era profundamente triste, una mezcla de desconfianza y agobio, de cansancio y humillación.

Entonces llegaron el jefe de misión y César, y les dijeron a los rehenes que tenían que abordar el helicóptero, pero que antes debían esposarlos mientras llegaban a su destino. La protesta de los secuestrados no se hizo esperar:

—¿Cómo así, hermano? Nosotros no nos vamos a dejar amarrar.

—Entiendan, es por su seguridad en el vuelo. Sólo los vamos a inmovilizar de las manos —explicó el jefe de misión.

—Pero ¡no que son una comisión humanitaria! ¿Qué clase de comisión humanitaria son ustedes que vienen a tratarnos peor de lo que nos tratan estos manes?

—¡Yo no me dejo amarrar!

—¡Yo tampoco!

—¡Ni yo!

Y empezaron a insultar a los recién llegados con palabras de grueso calibre.

—Ustedes no son ninguna comisión ni nada. ¿Quién sabe qué son?

La enfermera insistía:

—Por favor, colaboren.

Y el australiano, en su escaso español:

—Hermano, colaboren.

El cabo Pérez, irritado, le jaló la escarapela de la misión internacional y lo increpó:

—¿De qué comisión humanitaria son ustedes?

Pero el australiano no contestó. Por dentro se mordía la lengua, queriendo gritarles que subieran al helicóptero, que era por su bien. Pero no era posible. Ni siquiera podía hablarles en español. Sólo le quedaba un recurso: convencer a los norteamericanos.

CAPÍTULO IX

"I am Colombian Army"

SELVAS DEL GUAVIARE, PUNTO DE ENCUENTRO

El australiano, un joven capitán valiente y emotivo, no quería resignarse a que los secuestrados se amotinaran. Cuando estaba con los norteamericanos, vino el cabo Jairo Durán y le dijo llorando:

—Yo no me monto en esa mierda porque esto es una farsa.

Y tiró su morral al piso.

—¡Yo no voy! ¡Yo no me quiero ir de aquí! ¡Aquí mataron a mi capitán Guevara, aquí murió mi capitán Guevara y yo no voy a ninguna mierda![15].

Al australiano se le escurrieron las lágrimas, y le dijo, procurando hablar en un español pobre, con acento extranjero:

---

15. El capitán de la Policía Julián Ernesto Guevara murió en cautiverio el 20 de enero de 2006. Según relató su inseparable amigo, el cabo Jairo Durán, las FARC lo dejaron morir sin prestarle la mínima asistencia médica o humanitaria.

—Alce la cabeza. Crea en mí. Por favor, crea en mí. *Trust me*. Míreme a los ojos... *Trust me!*

Los norteamericanos lo escucharon con curiosidad. Entonces, el australiano se volvió hacia Keith Stansell, quien vivía con una colombiana antes de su secuestro, y le dijo:

—*Hi, I know your wife*.

Y continuó, también en inglés:

—Su esposa trabaja en una aerolínea. Usted la conoció en un vuelo y ahora tienen gemelos.

Keith lo miró extrañado. Tom, el mayor de todos y el líder natural del grupo, se mostró más dispuesto a escucharlo, y el australiano tomó un riesgo. Fue entonces cuando le dijo, en secreto:

—*I'm part of your* MOS[16].

Desde aquel momento, Tom decidió colaborar, presintiendo que se encontraba ante una fuerza amiga.

Marc Gonsalves, el más joven, que no había escuchado nada de lo anterior, le dijo al capitán, en español:

—¡Yo no voy!

—*Trust me, please!* —le suplicó el australiano.

Entonces Marc le preguntó en inglés:

—¿Por qué tengo que creer en usted?

—Porque yo vengo de Australia.

—¿De qué parte?

—De Brisbane. ¿Usted conoce Brisbane?

—Sí.

—¿Entonces conoce Byron Bay?

Y siguió una cadena de preguntas y respuestas, en la que el australiano trató de ganarse la confianza de Gonsalves.

---

16. Military Occupational Specialty. Se refiere a las diferentes especialidades que hay en el Ejército y la Armada de Estados Unidos.

Tom interrumpió la conversación y anunció una decisión trascendental que impulsó no sólo a sus dos compatriotas, que estaban haciendo corrillo alrededor del australiano, sino también a los demás secuestrados, hacia el helicóptero.

—OK —concedió—, *we are going*.

El australiano respiró tranquilo.

—*Perfect, I see you upstairs.*

Sin embargo, Tom quiso asegurarse y le hizo una pregunta directa al australiano:

—*Are you U.S. Army?*

—No —respondió el australiano, tomando su último gran riesgo, después de fijarse en que nadie más estuviera escuchando—. *I am Colombian Army.*

Tom no dudó más y se volvió hacia la enfermera, que hacía esfuerzos ingentes por convencer a los demás secuestrados de que se dejaran esposar, y extendió las manos hacia ella. Sus dos compatriotas acompañaron su gesto y, poco a poco, los otros doce rehenes siguieron el ejemplo.

La última fue Íngrid, siempre escoltada por el cabo Pérez. La enfermera tuvo que rogarle mucho para lograrlo y acabó por ponerle las esposas muy sueltas, casi de manera simbólica. Tanto así que, ya en la aeronave, se las pudo quitar ella misma con facilidad.

El cabo Pérez le dijo:

—Vamos, doctora. ¡Qué más hacemos!

Íngrid no hablaba. Su rostro denotaba una tristeza profunda, un abandono a su destino. Caminaron hacia el helicóptero. La enfermera intentó tomarla por el brazo, pero ella no se dejó. Con "rabia en el corazón", como su libro, subió a la aeronave y se sentó junto a su amigo y enfermero.

CAPÍTULO X

"Se fue el camarada, mano"

SELVAS DEL GUAVIARE, PUNTO DE ENCUENTRO

El papel del periodista y el camarógrafo en toda la trama de la Operación Jaque, una vez en el terreno, fue fundamental. Su misión era aprovechar el esnobismo de César para captar su atención y no dejarlo concentrarse en la obra que se montaba a su alrededor.

Después de que el líder guerrillero renunciara a llevar sus invitados hasta la casa, por la intempestiva aparición de la India, el mayor Dávila vio la oportunidad perfecta para comenzar su labor de distracción. Se acercó a César, acompañado de su camarógrafo, y le dijo, micrófono en mano:

—Vamos a aprovechar... Una sola pregunta.

—No —rehusó César, sonriendo— porque es que violo una norma y no es conveniente.

—Permítame, por favor. Una sola pregunta, ¿sí?

—Lo hacemos mejor en el helicóptero.

—Es que el ruido... Déjeme hacerlo. Que se vea. Es muy sencilla, comandante. Una pregunta, por favor.

—No, no, va contra mi voluntad realmente... Sería un error ponerme a dar una declaración.

Cuando el jefe de misión se percató de la reticencia de César a la entrevista, le dijo al periodista:

—Vaya y tome otras cosas. El comandante no quiere hablar.

—¿No alcanzamos a hacer aunque sea una pregunta?

—No, no, ahora, ahora... Deme un segundo —le dijo el jefe de misión y lo tomó por el brazo—. No me vaya a hacer arrepentir ahora de haberlo traído.

—Pero al menos permítame hacer unas impresiones del lugar.

—Bueno, sí, tome todas las imágenes que quiera.

César contemplaba sonriente la discusión. Sin duda, se sentía la persona más importante, disputada por los dos miembros de la comisión internacional.

Mientras el cabecilla siguió en las coordinaciones, el periodista y el camarógrafo se fueron a grabar a los guerrilleros que custodiaban, con sus armas al hombro, en medio de los cultivos de coca.

—Una toma a contraluz —propuso el camarógrafo—. Y empezaron a grabarlos por detrás, lo que obligó a los improvisados modelos a voltearse hacia ellos para no dar la espalda a la cámara, perdiendo por unos minutos de vista lo que ocurría en cercanías del helicóptero.

El jefe de misión, mientras tanto, notó que al fin la gente había comenzado a hacer fila para subirse a la aeronave. César le preguntó:

—¿Nosotros esperamos el otro helicóptero?

—No —le respondió, con convicción, mostrándole unos papeles que tenía organizados sobre una tabla para escribir—. Aquí traigo instrucciones y el plan de lo que hay que hacer. Tenemos el tiempo justo para salir por limitaciones de combustible. No podemos demorarnos. El otro helicóptero está pendiente arriba para ver la salida.

—Ah, sí —dijo César—. Sí, está bien, no hay problema. Nos vamos todos en éste. No hay problema.

Entonces empezaron a caminar hacia el aparato, que seguía con el motor encendido y las hélices a las máximas revoluciones. El jefe de misión le preguntó al guerrillero:

—¿Usted va armado, César?

—No, no llevamos armas —mintió.

El mayor sabía que no era cierto, pero ya tenían pensada una manera de desarmarlo una vez a bordo. Entonces le dijo:

—Tengo entendido que uno de ustedes va a ir al secretariado.

César, rebosando felicidad, le respondió:

—Sí, yo voy a ir.

Entonces Gafas, que iba caminando al lado, portando su videocámara, agregó:

—Yo también voy a ir.

En ese momento, el mayor Dávila volvió a la carga con sus preguntas para el asediado César:

—Comandante, ¿cómo se siente usted al ser parte de este histórico momento para Colombia y para el mundo?

Esta vez César, tal vez contento ante la posibilidad de ir al secretariado, sí accedió a contestar:

—Bueno, creo que lo más importante sería que es el pueblo colombiano el que tendría que pensar, podríamos decir, posibilidades de llegar a acuerdos que favorezcan a todo el país.

Sus ideas no eran muy claras, pero su sonrisa reflejaba amabilidad y confianza.

El jefe de misión volvió a interrumpir, esta vez sí genuinamente preocupado por el paso de los minutos.

—No hay tiempo, no hay tiempo —dijo—. ¡Hay que respetar los tiempos de la misión! ¡No sé para qué los traje!

César, riéndose, aprovechó la situación para continuar hacia el helicóptero, pensando que lo había salvado la campana.

El periodista, ofuscado por la intromisión, se dirigió a la fila de los secuestrados que caminaban hacia el helicóptero.

Allí venían, encabezándola, los tres norteamericanos, ya esposados.

—Vamos a tener la oportunidad de hablar con los tres norteamericanos que se encuentran en poder de las Fuerzas Armadas Revolucionarias de Colombia —dijo a la cámara.

Keith Stansell se acercó a ellos y, dirigiéndose al micrófono, comenzó a decir:

—Yo soy uno de los tres norteamericanos. Cinco años y medio. Tengo mi familia allá...

Pero el periodista decidió cortar su intervención, para mostrar su neutralidad ante la guerrilla:

—Por política del canal no podemos dejar transmitir al grupo de prisioneros en manos de las Fuerzas Armadas Revolucionarias de Colombia.

El norteamericano mostró a la cámara las manos esposadas en una actitud de desapego frente a sus circunstancias, y siguió avanzando.

Detrás de él apareció el teniente del Ejército Raimundo Malagón, que había presenciado la escena, y quiso dar su propia declaración al mundo. Se acercó a la cámara con profunda decisión y dijo con el corazón en la boca:

—Excúseme... Tengo solamente una cosa que decir. He estado encadenado diez años. Yo soy el teniente Malagón, del glorioso Ejército Nacional de Colombia, secuestrado por múltiples factores...

—Éstas son las palabras del teniente Malagón —interrumpió el periodista—. No podemos transmitirlas, pero sabemos del sufrimiento...

—¡Se deben admitir porque tengo algo muy importante que exponer! —replicó Malagón, indignado.

—Por política de las Fuerzas Armadas Revolucionarias de Colombia no podemos transmitir al grupo de prisioneros... —siguió diciendo el periodista, que comenzó a manotearle al jefe de la misión, protestando porque le había interrumpido su entrevista con el cabecilla guerrillero.

El líder de la misión se acercó a su colega, el mayor Dávila, y le dijo con genuina duda y una sonrisa:

—Oiga, ¿usted de verdad está bravo conmigo?

—No —le respondió el periodista, a punto de reírse también—. Pero no se ría cuando me hable porque de pronto nos están viendo.

Y continuó, entre dientes:

—No se ría, no me mire y no se ría.

Sus palabras, por fortuna, se perdían por el ruido de la aeronave. Estaban a punto de coronar la operación y la confianza los había invadido.

Cuando César y Gafas entraron al helicóptero, el camarada Alberto y el camarada Vicente los saludaron con proclamas y vivas para el fallecido fundador de las FARC, Manuel Marulanda. Estas manifestaciones tuvieron que haber causado un efecto nefasto en los secuestrados.

Alberto abrazó al cabecilla:

—Bienvenido, camarada. Reciba usted un saludo revolucionario de parte del camarada Alfonso Cano. No se preocupe. Las condiciones están dadas para el traslado de los prisioneros al punto de coordinación. Aquí viene también el camarada Vicente, que es el que tiene el sitio exacto donde los vamos a trasladar.

—Bien, bien —dijo César, contento de estar entre su gente.

Avanzaron hasta el puesto de Vicente, y éste también se presentó:

—Buenas tardes, camarada César.

—Buenas tardes, camarada.

—Yo soy el delegado que envió el camarada Pablo Catatumbo[17] para el traslado de los retenidos y tengo un mapa del punto exacto donde vamos a llegar, así que tranquilo: yo me encargo del traslado y la seguridad.

—Listo, camarada —respondió César.

—Siga siéntese, camarada —le dijo Vicente, indicándole el lugar donde debía ubicarse según se había coordinado previamente, para efectos de su neutralización.

Antes de la llegada del jefe guerrillero, dos hombres de su frente habían ingresado con las cadenas de los secuestrados, y Vicente les había dicho con voz de mando:

—No es necesario que se las pongamos ahora porque nosotros trajimos esposas de plástico. Pero déjenlas ahí.

Los guerrilleros accedieron y se bajaron. También había subido un miliciano vestido de civil, con pantalón oscuro y botas pantaneras. Alberto, que obviamente no sabía quién era, lo tomó por los hombros, lo sentó, le quitó las botas y comenzó a amarrarle los pies.

—¡No, no, camarada, yo no soy prisionero! Suélteme que yo me quedo aquí.

Alberto lo soltó, lo abrazó y le dijo:

—Disculpe, camarada, Un saludo revolucionario para usted y para toda la gente. ¡Qué viva la revolución!

El guerrillero le sonrió de oreja a oreja, le dio la mano y se bajó.

Cuando faltaban ya pocos por subirse, el jefe de misión vio a Íngrid Betancourt, que venía caminando con una expresión indescifrable, mezcla de ira y tristeza. El mayor le dijo:

—Doctora, tranquilícese.

---

17. Jefe guerrillero que opera en el Valle del Cauca, perteneciente al Bloque Occidental de las FARC, que lideraba Alfonso Cano.

Pero Íngrid lo miró muy mal, casi con desprecio. Llevaba una sudadera gris, un raído chaleco camuflado y un sombrero pava del Ejército brasileño. Se lo bajó sobre el rostro y siguió caminando hacia el helicóptero.

Ya sólo faltaban una o dos personas por abordar, cuando el australiano se dio cuenta de que no habían entregado a los guerrilleros dos cajas de maltas que llevaban para obsequiarles. Movido por la confianza que habían fortalecido durante todos los minutos de la misión, se bajó rápidamente con una de las cajas. El médico, ante ese gesto valiente y a la vez arriesgado, tomó la otra caja y lo acompañó.

Los guerrilleros, al verlos acercarse con los refrescos, les hicieron señas de que los dejaran sobre el piso. Luego, los dos hombres volvieron corriendo al helicóptero, que ya se preparaba para despegar. Apenas pusieron pie a bordo, la máquina empezó a elevarse con su preciosa carga de quince secuestrados y dos secuestradores, cuyas vidas estaban a punto de cambiar para siempre.

Ni siquiera se había levantado la escalerilla, que el técnico tuvo que recoger ya en vuelo. El piloto envió un mensaje que muchos —en el helicóptero 2, en el avión de inteligencia, en Bogotá, en San José del Guaviare y en Tolemaida— esperaban con ansiedad: "Generadores OK", que significaba "Despegando del punto con la carga". Era la una y treinta y siete de la tarde. Habían pasado algo más de veintidós minutos en territorio enemigo.

Abajo, los guerrilleros con sus uniformes y sus armas relucientes contemplaron cómo el helicóptero se perdía dentro de una nube. Uno de ellos, muy joven, se volvió hacia otro de sus compañeros e hizo un comentario que resumió su sentimiento de pérdida:

—Se fue el camarada, mano.

CAPÍTULO XI

"¡Somos el Ejército Nacional! ¡Están en libertad!"

HELICÓPTERO 1, SELVAS DEL GUAVIARE

Al lado del helicóptero, el australiano le hizo una pregunta a Enrique Gafas, que estaba a punto de subirse:

—¿Pistola?

El guerrillero, al que se le notaba el bulto de un arma en la parte derecha de su cintura, se rio pero no dijo nada. Entonces el capitán insistió:

—*You have* pistola —y le mostró el símbolo de "prohibido portar armas" que habían pegado en la parte exterior de la puerta—. *No pistol!*

Gafas volvió a reírse, sin hacerle caso y trepó por la escalerilla.

Cuando le tocó el turno a César, el falso extranjero nuevamente preguntó:

—¿Pistola?

—Sí —respondió el cabecilla sin poner ninguna malicia al tema—. En la maleta.

Al australiano le quedó claro que al que había que desarmar primero era a Gafas y, con esa convicción, subió al helicóptero, después de dejar las canastas de maltas a los guerrilleros.

Tan pronto puso un pie a bordo, el piloto, angustiado por la tardanza, comenzó a elevar la aeronave, con la puerta abierta, y le gritó al técnico de vuelo:

—¡Cerrando esa vaina que voy saliendo!

Miró hacia arriba, distinguió una nube blanca exactamente encima del lugar y decidió subir hasta ella lo más rápido posible. En menos de un minuto estaban a más de dos mil pies de altura, rodeados por una densa neblina, fuera de la vista de quienes habían quedado en tierra.

El piloto del avión norteamericano con la plataforma de inteligencia le preguntó:

—¿Todos completos?

—Sí, todos completos —fue la respuesta desde la nube.

No habían pasado ni tres minutos de vuelo. Íngrid, incómoda con el morral que tenía en la espalda, logró zafarse las esposas y comenzó a buscar la forma de acomodarse mejor. Sólo a unos cuatro secuestrados, los que habían entrado primero, les habían atado los pies. Los demás estaban esposados únicamente en sus extremidades superiores.

Gafas, por su parte, había intentado sentarse en la silla más próxima a la puerta, pero el jefe de misión se lo impidió, diciéndole que era la del técnico, y le señaló el lugar donde debería ubicarse. En ese momento se acercó el australiano, y dijo:

—*He has a pistol.* Señor tiene pistola.

—¿Cómo así, hermano? —le dijo el mayor a Gafas mientras caminaban hacia su puesto—. ¿Cómo me va a hacer esa vaina? Esto es una misión internacional. Mire las personas que están aquí y mire el letrero de prohibición de armas. Usted me va a meter en un problema. El señor de la Cruz Roja se molestaría muchísimo si llegara a detectar que ustedes tienen armas.

Entonces Gafas miró hacia el delegado árabe, luego al jefe de misión y le entregó su pistola.

—Tranquilo —le dijo al recibirla, mientras la metía en el bolsillo trasero—. Yo se la guardo aquí para que nadie se dé cuenta y luego se la devuelvo.

En ese preciso instante, el líder de la misión volvió la mirada hacia la parte de atrás del helicóptero, donde estaba sentado César. El cabecilla no había dejado de sonreír y de chancear desde que se subió, con ánimo festivo y relajado. En un momento dado, la enfermera, con el pretexto de entregarle un refresco, había simulado caerse sobre él, y el guerrillero la había sentado en las piernas, proponiéndole que se quedara allí durante el resto del trayecto. Ella, con estudiada coquetería, le siguió el juego pero se levantó al rato.

Los ojos del jefe de misión se encontraron con los del camarada Alberto, el sargento que había sido boxeador aficionado, quien iba a dirigir el grupo para neutralizar a César. Alberto le hizo una señal con la cabeza y el mayor se encogió de hombros, como diciéndole: "Si está listo, hágalo".

Sin dudarlo un segundo, el exboxeador se acercó a César en el preciso momento en que el médico le preguntaba si sufría de algún mareo o tenía algún problema para viajar.

—No, es la primera vez que viajo —estaba diciendo el guerrillero, cuando sintió que el mundo se estrelló contra él.

Sin previo aviso, el supuesto camarada le asestó un potente puño entre la quijada y el cuello, que lo atontó, y le golpeó tres veces la cabeza contra el fuselaje. El australiano, el periodista y el médico, tal como lo habían planeado, se tiraron sobre César y lo tumbaron al suelo, inmovilizándole los brazos para evitar que alcanzara su arma o accionara una eventual granada que llevara escondida. Pero no fue nada fácil. César se resistió como una fiera herida. Daba golpes, pateaba, se contorsionaba.

Incluso alcanzó a golpear al médico con la cabeza, causándole una lesión en el párpado.

En el frente del helicóptero, la situación fue muy distinta. El líder de la misión, el camarógrafo, el árabe y el camarada Vicente habían inmovilizado a Gafas sin encontrar ninguna resistencia. Con realismo y resignación, se dejó esposar por los encargados de neutralizarlo.

A ambos les quitaron los pantalones, dejándolos en ropa interior, para comprobar que no llevaran otra arma o algún explosivo con ellos. En medio del desorden, los secuestrados empezaron a comprender la realidad de su liberación. Algunos, incluso, que se encontraban cerca de César, a pesar de estar esposados se tiraron sobre él para ayudar a sujetarlo. Fue tal la confusión de piernas que el periodista tomó una cincha para atar los pies de César, que no cesaba de patear, y la apretó duro. Para su asombro, las patadas siguieron. Había amarrado, por error, a uno de los rehenes que se había lanzado encima del secuestrador.

Varios de los liberados, al ver a sus torturadores en el piso, los golpearon e incluso los escupieron. Dos de los norteamericanos la emprendieron contra César, que gritaba:

—¿Qué pasa? ¿Qué pasa? ¿Por qué me hacen esto? —y seguía luchando y forcejeando. Viendo cómo la pelea se concentraba en César, más que en Gafas, que se había rendido sin pelear, algunos dijeron:

—No le peguen tanto a César, que el *man* se comportó hasta bien. Denle a Gafas, ¡a Gafas!

Sin duda, el segundo cabecilla del frente primero había sabido granjearse el odio de los hombres que estuvieron bajo su custodia por su actitud arrogante e inhumana. Hacía dos días, por ejemplo, había amenazado con matar a uno de los norteamericanos apuntándole con una pistola. Un suboficial de la Policía se sentó encima de Gafas y viajó casi todo el trayecto que faltaba hasta San José del Guaviare en esa posición. Esa fue su forma de someter simbólicamente, así fuera por quince minutos, a quien lo tuvo sometido y humillado por tantos años.

Mientras estos hechos ocurrían en los dos extremos de la aeronave, la sorpresa de los rehenes se fue convirtiendo en la embriaguez de la libertad. Primero el iraní y la enfermera, y luego el jefe de misión, anunciaron la mejor noticia que podían recibir los quince liberados:

—¡Somos el Ejército Nacional! ¡Están en libertad!

Íngrid, la única mujer entre los cautivos, había contemplado estupefacta el sometimiento de Gafas, que yacía a sus pies, en pantaloncillos y con los ojos vendados, y recibió esa frase como la revelación de una nueva vida.

La euforia se apoderó del helicóptero. Con un bisturí, el jefe de misión cortó las esposas de plástico, y comenzaron los abrazos y la celebración. Muchos gritaban, algunos lloraban de emoción, otros levantaban los brazos en señal de victoria y de libertad. En un momento dado, alguien comenzó a entonar el himno del Ejército de Colombia y todos, incluso los que no lo sabían, repetían el coro: "¡Gloria, gloria al soldado!". Pronto pasaron a cantar el himno nacional a todo pulmón, y luego a lanzar arengas y vivas que se sucedían unas a otras:

—¡Uribe! ¡Uribe! ¡Uribe! —coreaban el nombre del presidente.

—¡Montoya! ¡Montoya! ¡Montoya! —repetían, con lealtad de militares, en homenaje al comandante de su Ejército.

—¡Diez años esperando! ¡Diez años esperando al Ejército! —gritaba el cabo Pérez, que no dejaba de abrazar a Íngrid, mirando al camarógrafo, que seguía cumpliendo con su papel de registrar este momento histórico.

—¡Yo sabía! ¡Yo sabía que mi Ejército me iba a liberar! —decía el sargento Marulanda, arrodillado con los brazos en alto.

Pasaron los minutos en un carnaval de risas, abrazos y lágrimas, los de quince seres humanos que volaban sobre las selvas del Guaviare que habían sido su cárcel por tantos años y que ahora eran testigos de su libertad, una libertad alcanzada sin armas, sin un solo tiro y sin pérdida de vidas.

El cabo Arteaga, que viajaba con un cusumbo, un animalito propio de las selvas colombianas, después de cinco minutos de la neutralización de los guerrilleros aún seguía quieto, en su puesto, llorando. Cuando vio al mayor Dávila, le preguntó:

—¿Es verdad que estamos libres? ¿Es verdad que estamos libres?

—¡Sí, usted está libre! Usted ya recupera todo lo que ha perdido.

El cabo siguió llorando por un largo rato, incapaz de asimilar la nueva realidad, aferrado a su mascota.

Cuando tuvo oportunidad, el mayor Dávila se sentó al lado de Íngrid, quien, como madre y mujer, producía mucha ternura y solidaridad a los militares que la acompañaban de regreso a la vida. Ella lo abrazó y lo estrechó contra su pecho:

—Íngrid, no ha pasado ni un momento, ni un día, ni una noche en que un soldado de Colombia no pensara en cómo lograr liberarlos del yugo que sufrían: a usted, a los americanos y a nuestros compañeros secuestrados —le dijo el militar.

—De ahora en adelante —le respondió Íngrid, con la voz entrecortada por las lágrimas—, de ahora en adelante, y para toda la vida, yo también voy a ser un soldado.

Varios más se acercaron a saludarla y abrazarla. Uno fue el camarada Vicente, el exguerrillero ahora reinsertado a la sociedad, quien le dijo:

—Yo soy desmovilizado, y así como algún día me puse la camisa para cometer actos delictivos, también me la puse para venir a liberarlos.

Otro fue el australiano, quien llegó hasta ella poco antes de aterrizar en San José del Guaviare:

—Íngrid, esto es de un colombiano para otro colombiano. Usted tiene unos hijos muy lindos y lo que yo acabo de hacer lo hago por un hijo colombiano. Prométame que nunca, ¡nunca!, va a recordar nuestras caras.

Ella le dio una bendición en la frente al joven capitán y le dijo, mirándolo a los ojos:

—Se lo prometo.

Los norteamericanos, como los demás, no paraban de dar gracias a los miembros de la misión y de abrazarlos. Todos sentían el alivio de tantos años de privaciones y de dolor, y apenas empezaban a acostumbrarse a su nueva situación de libertad.

La misma Íngrid parecía a veces pasmada, como si creyera que esa felicidad que ahora sentía se la fueran a arrebatar en cualquier momento. Incluso llegó a temer que, en medio de las celebraciones, el helicóptero se cayera antes de poder disfrutar su nueva vida. La enfermera, que notó su incertidumbre, se acercó a ella, le señaló la ventana y le mostró una población, la primera que veía la excandidata en más de seis años.

—Mire, doctora. Ese es San José del Guaviare. Créalo, ¡es cierto!

Íngrid, emocionada, se cubrió la cara y estalló en llanto.

CAPÍTULO XII

¡Sistema *anti-ice*, OK!

SAN JOSÉ DEL GUAVIARE, GUAVIARE / PUERTO RICO, META / BASE MILITAR DE TOLEMAIDA, MELGAR, TOLIMA / BOGOTÁ, BRIGADA DE AVIACIÓN DEL EJÉRCITO

La tensión en San José del Guaviare, Tolemaida y Bogotá, y en las dos aeronaves que monitoreaban la misión, durante los más de veintidós minutos que demoró en tierra, fue inmensa. Se había planeado que la operación durara entre doce y diecisiete minutos, por lo que los cinco minutos de más resultaron angustiosos para los que seguían a distancia el intento de rescate. Nadie se había imaginado que los secuestrados iban a presentar una oposición tan fuerte al tema de las esposas.

Por eso, cuando el piloto dio la primera clave, "Generadores OK", hubo un estallido de alegría en todos los centros de control. Pero faltaba todavía saber si habían podido neutralizar a los dos guerrilleros.

En cuanto al comando central de operaciones en Bogotá, la noticia llegó primero por otro medio, nada menos que por las comunicaciones de las FARC. En la estación de la montaña se recibió un mensaje enviado por la India al Mono Jojoy, con una frase contundente:

"LA VISITA YA SALIÓ".

Cuando el coronel Olano recibió el informe del capitán a cargo de la estación, le contó de inmediato al general Padilla, quien, dirigiéndose a él y al general Díaz, les dijo con gesto de triunfo:

—¡Ya salvaron su responsabilidad!

Entre cinco y seis minutos después del despegue del helicóptero, finalmente se escuchó en el avión plataforma norteamericano la frase en clave que faltaba, la que indicaba que la operación había concluido con los secuestrados a bordo y los secuestradores a buen recaudo:

—¡Sistema *anti-ice*, OK!

El piloto estadounidense le estrechó la mano al mayor colombiano que lo acompañaba, en medio de expresiones de júbilo.

—*Unbelievable*! —decía una y otra vez.

Cuando el reporte de misión cumplida llegó a Bogotá y a San José del Guaviare, una ola de alegría hizo olvidar los previos momentos de tensión. El general Montoya, en la cabina del Fokker, se fundió en un abrazo con el coronel Navas y les contó al fin, a los demás ocupantes de la aeronave, qué era lo que habían estado esperando desde la mañana.

Hacia las dos de la tarde, los dos helicópteros aparecieron en la distancia. Sobrevolaron el aeropuerto de San José del Guaviare, como pavoneándose por su logro, y aterrizaron a pocos metros del avión donde estaba el general Montoya.

Éste esperaba en la pista, con el corazón acelerado. Por fin, comenzaron a bajar salvados y salvadores. Los primeros se identificaban por las chaquetas blancas que habían comprado para ellos y que se pusieron para salir de la aeronave. Montoya brincaba como un niño y abrazaba a cada uno de los miembros de la misión y a los recién liberados, que también corrían hacia sus brazos. El sargento Marulanda, nuevamente, se arrodilló, alzó los brazos al cielo y dio gracias por su libertad, por volver a sentir que estaba vivo. En medio de su emoción, Montoya dejó pasar a Íngrid, pero luego la alcanzó y la estrechó contra sí, con ternura. Allí estaba al fin, libre, la mujer que se había convertido en símbolo de la tragedia del secuestro en el mundo entero. Con rapidez, los rescatados subieron al antiguo avión presidencial.

Cuando el jefe de misión se asomó a la puerta del helicóptero, el general Zapata, confundiéndolo con uno de ellos, lo abrazó y lo condujo hacia el Fokker:

—Tranquilo, bienvenido, ¡ya está en libertad!

El mayor, finalmente, se encontró con el general Montoya, el mismo que lo había recomendado, por su valentía y profesionalismo, para que liderara la misión. Sin duda, había correspondido a su confianza.

Los héroes de la misión regresaron al aparato donde habían quedado César y Gafas, bajo la custodia del australiano y el médico, todavía forcejeando por liberarse, y se prepararon para salir hacia la finca de aprovisionamiento en Puerto Rico, donde recogerían sus cosas y descansarían un rato.

Montoya se devolvió y los abrazó nuevamente:

—¡Lo hicimos, lo hicimos! ¡Los liberamos!

Pocos minutos después, los integrantes del grupo de rescate —salvo el mayor que lideró la misión, que se quedó con el general Montoya en el Fokker— y los dos guerrilleros capturados salieron rumbo al terreno de donde habían partido, menos de dos horas antes, con el alma en un hilo.

Los esperaba el general Rey, junto al destacamento asignado para la custodia del lugar. El general los abrazó y felicitó, y les anunció que el prometido sancocho los esperaba en la casa. A César y Gafas los bajaron alzados y les revisaron las heridas que sufrieron por los golpes para inmovilizarlos. El cabecilla, con su tenaz resistencia, había llevado la peor parte. Pero no había fracturas ni sangrado. Les aflojaron las esposas y les ofrecieron algo de beber.

Hacia las cinco de la tarde, después de comer y descansar, volvieron a subir a las aeronaves, esta vez acompañados por el general Rey, con rumbo a la base de Tolemaida, la sede del batallón de helicópteros, donde habían hecho los últimos retoques a los aparatos y ensayado la operación con el general Montoya.

El mayor Dávila se sentó al lado de César, que estaba cabizbajo y sólo contestaba con monosílabos:

—¿Está nervioso?

—Un poco.

—Cálmese, tranquilo —le dijo Dávila—. A usted aquí le van a respetar sus derechos. Usted va a tener la oportunidad de un juicio legal, y nunca en la vida va a sufrir el mismo trato que ustedes les dieron a los secuestrados. ¡Nunca!

A la llegada a Tolemaida, los esperaban los hombres de planeamiento de la inteligencia técnica, los de la brigada de aviación del Ejército y el coronel Navas, que había llegado hasta allá con el general Montoya y los rescatados, y se había quedado para saludarlos, para aplaudirlos, como director de escena, por la mejor actuación de su vida. El recibimiento fue triunfal. La música de la banda papayera se confundía con los aplausos y los vítores de sus compañeros de milicia, incluyendo algunos asesores norteamericanos, que saludaban el regreso del grupo "Ángel de la Esperanza".

Allí, en Tolemaida, entregaron a César y Gafas a miembros del Cuerpo Técnico de Inteligencia de la Fiscalía General de la Nación, para que procedieran a la legalización de su captura.

Más tarde, esa misma noche, cuando llegaron a Bogotá, los miembros de la misión encontraron la sorpresa de que sus familias, sus esposas e hijos, recién enterados de su participación en el rescate, estaban esperándolos junto con el general

Díaz y el coronel Olano. Nada parecía suficiente para celebrar el tamaño de su hazaña.

Dos mayores —Dávila y el jefe del grupo—, tres capitanes —el australiano, el árabe y el médico—, un teniente —el camarógrafo—, un sargento — el camarada Alberto—, un soldado profesional —el enfermero—, dos agentes de inteligencia —las enfermeras— y un exguerrillero desmovilizado —el camarada Vicente—, más cuatro miembros de la tripulación, habían llegado a las puertas del infierno y, como Dante en la *Divina comedia*, habían regresado ilesos y triunfantes de su viaje.

La enfermera, que había estado hablando con algunos asesores norteamericanos que la felicitaban, se acercó al médico y le hizo una pregunta curiosa:

—¿Qué significa "jírou" en inglés?

Su compañero la miró divertido y le contestó:

—Mi querida niña, eso significa "héroe".

CAPÍTULO XIII

"¡Mamá, estoy viva, estoy libre!"

BOGOTÁ, MINISTERIO DE DEFENSA

El ministro de Defensa mantuvo, durante todo el curso de la operación, comunicación abierta con el general Padilla, quien le informaba los avances paso a paso. Cuando éste le dijo que el helicóptero había aterrizado en las coordenadas previstas, Santos comenzó a llevar la cuenta en su reloj. Diez minutos. Quince minutos. Diecisiete minutos. Ya había pasado el tiempo presupuestado para la misión en tierra. El ministro, angustiado, se paró y empezó a caminar alrededor de su escritorio. ¿Qué les habría ocurrido? ¿Habría salido algo mal?

Finalmente, después de otros seis o siete minutos interminables, Padilla le informó que la aeronave había despegado. Pero el peligro subsistía mientras no neutralizaran a César y Gafas. Otros seis minutos más tarde, el general, emocionado, le dio un reporte de triunfo: ¡los secuestrados estaban libres y los secuestradores maniatados, rumbo a San José del Guaviare!

Sintió un alivio inmenso. Sin duda, se trataba de un hecho histórico que representaba el más duro golpe jamás dado a las FARC, fortalecía la credibilidad y la moral de las Fuerzas Militares, pero sobre todo traía a la libertad a quince seres humanos, incluida una querida amiga suya: Íngrid Betancourt.

Agradeció al general Padilla por su exitoso liderazgo, como lo hizo luego con el general Montoya, y llamó de inmediato al presidente Uribe. Éste estaba a bordo de un helicóptero en desarrollo de su visita al municipio de Puerto Wilches, en Santander, que había sufrido unas graves inundaciones.

—Presidente —le dijo—, ¡éxito total! Íngrid, los tres norteamericanos y once militares y policías están todos sanos y salvos.

Para Santos resultaba claro que una operación de este calibre no habría sido posible sin el liderazgo de un presidente como Álvaro Uribe, comprometido con la seguridad del país y pendiente de los resultados de la fuerza pública.

—Hombre, ministro, ¡bendito sea Dios! —exclamó el presidente—. Lo felicito. ¡Qué maravilla!

Pero se cayó la comunicación y no pudieron hablar más.

Entonces el ministro recordó que la noche anterior le había prometido a la primera dama, Lina Moreno de Uribe, informarle tan pronto se tuviera algún resultado. Ella recibió la nueva con mucha emoción. Santos la sintió llorar al otro lado de la línea.

Luego pensó en su esposa, María Clemencia, quien estaba en París con su hija. Él le había dicho que ese día iba a pasar algo muy importante y le había pedido que orara. Su esposa y su hija rezaron en la iglesia de la Virgen de la Medalla Milagrosa, en la Rue du Bac. Unas horas después, cuando caminaban por la Ciudad Luz, sintieron un alboroto de gente alrededor de un sitio en el que estaba expuesta una foto de Íngrid. Pronto se dieron cuenta de que el motivo de la celebración era la noticia del rescate de su compatriota.

Fue entonces cuando María Clemencia comprendió cabalmente el mensaje de texto que había recibido de su esposo, "Éxito total. Secuestrados rescatados". Luego hablaron por teléfono y le pidió que le entregara a Íngrid, tan pronto la viera, una imagen de la Milagrosa, encargo que Santos cumplió esa misma tarde.

Finalmente, el ministro solicitó que lo comunicaran con la mamá de Íngrid, Yolanda Pulecio, y con Astrid, su hermana, que estaba en París. Primero entró la llamada a la madre:

—Señora Yolanda —dijo Yolima—. Ya le paso al ministro.

—¿Qué pasó con Íngrid? —exclamó doña Yolanda, quien había estado preocupada desde cuando Yolima le pidió que estuviera pendiente de esa llamada—. ¿Le pasó algo? ¿Está muerta?

Pronto Santos tuvo oportunidad de despejarle sus dudas:

—Yolanda, ¿recuerda que le dije que no iba a abandonar a su hija? Pues le cuento que Íngrid está libre.

—¿Cómo? ¡No puede ser! ¿Es cierto? ¿Es cierto?

—Es cierto, Yolanda, ahora mismo estoy saliendo por ella a Tolemaida. Ya se la traigo.

La madre de Íngrid quiso viajar también, pero el ministro le explicó que no podía llevarla porque entonces tendría que llevar a los familiares de los demás rescatados y que era mejor que esperara en el aeropuerto militar de Catam, a donde llegaría el vuelo de la libertad. Al tiempo que hablaba con ella, su secretario privado lo comunicó con Astrid, en Francia, a quien también le contó la noticia por tantos años esperada.

Terminadas estas llamadas, llegó el general Padilla. Se abrazaron, felices por el resultado de la difícil operación, y se dirigieron, junto con el jefe de estado mayor conjunto de las Fuerzas Militares, el comandante de la Fuerza Aérea, el comandante de la Armada y el director de la Policía, a dar una rueda de prensa.

Frente a decenas de periodistas de Colombia y el mundo, el ministro comenzó a leer:

> Nos permitimos comunicarle a la opinión pública nacional e internacional lo siguiente:
>
> En una operación especial de inteligencia planeada y ejecutada por nuestra inteligencia militar fueron rescatados sanos y salvos quince de los secuestrados que se encontraban en manos de las FARC.
>
> Entre los secuestrados rescatados se encuentran Íngrid Betancourt, los tres ciudadanos norteamericanos y once miembros de nuestra fuerza pública.

En un gesto inusual, al ministro lo interrumpieron los aplausos de los periodistas, que no daban crédito al tamaño de la noticia que estaban escuchando. Algunas reporteras incluso lloraron. Pronto la novedad se regó como pólvora y una alegría generalizada, una renovada esperanza, un sentimiento de orgullo por la actuación del Ejército se vivió en todas las ciudades y rincones del país. También en Francia y Estados Unidos celebraban. Mandatarios de diversas naciones comenzaron a llamar al presidente Uribe para felicitarlo por la audaz operación.

Terminada la sesión periodística, Santos salió presto, junto con los generales y almirantes, hacia el aeropuerto militar para tomar el avión que los conduciría a la base de Tolemaida. En el aeropuerto, el ministro se encontró con el presidente, que llegaba de Santander, y pudo contarle muchos más detalles sobre la operación.

—Presidente —le dijo Santos—. Venga con nosotros a Tolemaida a recibir a Íngrid.

—No, ministro, vaya usted —respondió Uribe—. Vaya usted y luego nos vemos en palacio para recibirlos como se merecen.

Santos partió hacia Tolemaida y el presidente siguió cumpliendo la agenda del día, que incluía la inauguración del hospital San José. Al ingresar al auditorio del centro médico, Uribe fue ovacionado de pie por los asistentes, que celebraron de ese modo las buenas noticias de la libertad. Los periodistas lo siguieron toda la tarde sin conseguir mayores declaraciones.

Base militar de Tolemaida

Una vez en Tolemaida, el ministro y el alto mando militar y policial subieron al Fokker donde estaba el general Montoya con los rescatados. El encuentro de Santos con Íngrid fue particularmente emotivo. Bajaron las escaleras del avión tomados de la mano, frente a un grupo de militares que aplaudían y gritaban hurras dirigidos por el mismo general Montoya desde la puerta.

El embajador estadounidense también subió a la aeronave para abrazar a sus compatriotas. Pronto se los llevaría en un avión hasta Bogotá y de allí a San Antonio, Texas, donde les practicarían controles de salud y recibirían un completo tratamiento de readaptación.

Apenas bajaron del avión, Santos recibió una llamada de Yolima, quien le dijo que estaba con Yolanda Pulecio. El ministro le pasó el teléfono a Íngrid y, por primera vez en más de seis años, madre e hija pudieron hablar nuevamente. Las palabras de la excandidata, que resumían el sentimiento de todos los que ese día recuperaron su vida y libertad, quedaron grabadas para la posteridad:

—¡Mamá, estoy viva, estoy libre! ¡Mamá, el Ejército me rescató! Tenemos todos que confiar en el Ejército. Lo que hicieron, mamá, es lo más extraordinario. Es una página de historia, de grandeza, de heroísmo. ¡Yo me siento tan orgullosa de mi Ejército, de ser colombiana!

Epílogo

UNAS NOTAS FINALES

CAPÍTULO I

"Nos engañaron"

AVIÓN ENTRE LA BASE MILITAR DE TOLEMAIDA Y BOGOTÁ,
JUEVES 3 DE JULIO DE 2008

El grupo de pilotos, ingenieros y técnicos que participaron en la misión de rescate viajaron al día siguiente de Tolemaida a Bogotá, en el mismo avión en que transportaban a los guerrilleros que tan sólo veinticuatro antes eran el primer y segundo cabecillas del frente primero de las FARC.

Al piloto del helicóptero Nº 1 le tocó sentarse al lado de César, quien venía esposado de pies y manos, y decidió hacerle algunas preguntas:

—Oiga, César, ¿usted qué, hermano?

—Yo qué iba a pensar —dijo—. Estoy más sorprendido que un verraco. Esa vaina... ¡yo nunca!

—Pero ¿usted estaba nervioso allá con la gente de la comisión?

—¡No, yo que iba a estar nervioso! Tranquilo, confiado...

—¿Y por qué estaba tan confiado? —indagó el piloto.

—Porque la orden la habían dado los superiores y, fuera de eso, yo tenía ahí toda la estructura.

—¿Cómo así?

—Yo había juntado a toda la gente. Pensé que venía de pronto el comandante Cano a saludar a la gente. Entonces yo los tenía reunidos por ahí.

—¿Cómo así? ¿Había más? ¿Como cuántos tenía reunidos?

—Como 350 hombres —confesó César, y se sumió en un silencio sepulcral.

Estación de la montaña, jueves 3 de julio

El grupo de inteligencia técnica subió como todos los días hasta la precaria carpa desde donde se había realizado, en las últimas semanas, la operación de suplantación. Ese día tenían la misión de detectar cualquier nueva comunicación entre el frente primero y el jefe del Bloque Oriental.

Tuvieron suerte.

La India envió un solo y lacónico mensaje al Mono Jojoy, que recibió la falsa Andrea. Su texto no podía ser más diciente:

"NOS ENGAÑARON".

No tenía firma.

CAPÍTULO II

"Ustedes me han devuelto mi vida"

San Antonio, Texas, Estados Unidos,
lunes 7 de julio de 2008

Cinco días después de su rescate, los tres norteamericanos hicieron su primera aparición pública en una esperada rueda de prensa. Acompañados por sus familias y rodeados por amigos, después de cinco años y medio de sufrir la tortura del secuestro en las selvas colombianas, dieron declaraciones que transmitió la cadena CNN. Una de las más impactantes fue la de Marc Gonsalves, el más joven del grupo, quien pronunció su discurso en inglés y en español. En él hizo una descarnada descripción de sus secuestradores:

> Les quiero contar sobre las FARC: un grupo guerrillero que pretende ser revolucionario, luchando por la gente pobre de Colombia. Dicen que quieren igualdad. Dicen que quieren hacer de Colombia un mejor país, pero eso es una mentira. Es un cuento detrás del cual se esconden, que usan para justificar su actividad criminal. Las FARC no son un grupo revolucionario: son terroristas con "T" mayúscula. Sus intereses se encuentran en el tráfico de drogas, la extorsión y el secuestro. Ellos se niegan

a reconocer los derechos humanos y rechazan la democracia. Yo los he visto mantener a un niño recién nacido como rehén, como secuestrado en la selva. Un niño de condición crítica con una gran necesidad de atención médica. Yo mismo, y mis amigos Tom y Keith, también fuimos víctimas de su odio, de su abuso y de su tortura. Y he visto cómo sus propios guerrilleros cometen suicidio en un intento desesperado de escapar de la esclavitud a las que las FARC les han condenado a vivir.

También Gonsalves dedicó unas palabras sentidas a los participantes en la Operación Jaque:

Especialmente a los hombres y mujeres valientes del Ejército colombiano, quienes ejecutaron el rescate más atrevido y, probablemente, el más perfecto de la historia, muchas gracias. ¡Gracias! Ustedes me han devuelto mi vida.

Washington, 23 de julio

En un hecho poco común para la visita de un ministro de Defensa a Washington, el presidente George W. Bush tuvo una entrevista personal con Juan Manuel Santos para manifestarle su felicitación por el éxito alcanzado con la Operación Jaque y su agradecimiento por la liberación incruenta de los tres ciudadanos estadounidenses.

Según declaró el mandatario, "el éxito de Colombia amerita reconocimiento, y es un ejemplo para el mundo entero que demuestra que cuando existen voluntad, determinación y coraje, los objetivos se pueden alcanzar. Colombia ha demostrado que esto es posible".

Bogotá, Casa de Nariño, 11 de septiembre

El presidente Uribe encabezó una ceremonia discreta, sin presencia de medios de comunicación, con la asistencia del ministro de Defensa, Juan Manuel Santos; el comandante general de las Fuerzas Militares, general Freddy Padilla de León;

el comandante del Ejército, Mario Montoya, y los demás altos mandos militares y de policía.

El motivo de esta reunión era la imposición de la Orden de Boyacá a los creadores y ejecutores de la Operación Jaque. Se les había concedido la máxima condecoración a la que puede aspirar colombiano alguno "por sus abnegados servicios prestados a la patria".

Pocos días después, los galardonados viajaron con sus familias a algún lugar del exterior, donde permanecerán el tiempo que sea necesario para preservar su seguridad. Durante su estancia afuera, seguirán capacitándose y compartirán sus experiencias con otros servicios de inteligencia del mundo.

Oviedo, España, Teatro Campoamor, viernes 24 de octubre

Vistiendo un elegante vestido de gala morado, una flor de tela adornándole el hombro izquierdo y un escote profundo, Íngrid Betancourt recibió en Oviedo la ovación afectuosa de un público que se emocionó hasta las lágrimas con su relato y que escuchó con devoción a una mujer que hacía menos de cuatro meses moría en vida en las selvas del Guaviare, soportando la infamia del secuestro. Ella estaba allí para recibir el Premio Príncipe de Asturias de la Concordia.

En un emotivo discurso, escuchado en vivo por un auditorio que incluía a la reina Sofía de España, el príncipe de Asturias Felipe de Borbón y su esposa doña Letizia, Íngrid recordó el sufrimiento de tantos colombianos que aún siguen sin libertad, en manos de una guerrilla que se resiste a avanzar con la historia. Haciendo una comparación con el holocausto de los judíos, y con la voz entrecortada por las lágrimas, dijo:

> La vida nos ha traído a la conciencia la realidad amarga de los que están presos de esa misma infamia en las selvas de Colombia, de esa misma locura revestida de otro uniforme, pero habitada de la misma crueldad. Hoy no podemos ignorar su situación y

la de cientos de seres humanos que padecen la arbitrariedad de la intolerancia política, religiosa o cultural en cualquier lugar del mundo. (...) Las guerrillas de Colombia deben oír desde aquí las voces de quienes reclamamos la libertad de todos los colombianos. En este llamado se reúnen las grandes reivindicaciones de la humanidad entera. Nadie puede sacrificar a un ser humano en el altar de su ideología, de su religión o de su cultura. Si las FARC no quieren ser consideradas como terroristas por el resto del mundo, tienen que rectificar su acción, repudiando el secuestro para siempre (...) Los miembros del secretariado saben que el mundo los señala con severidad.

En sus palabras, Íngrid hizo la mejor descripción de la Operación Jaque, una operación que vivirá para siempre en los anales de la historia y que ella misma había calificado como "perfecta":

"FUE UNA OPERACIÓN SIN ARMAS, EN LA QUE LOS ÚNICOS QUE CORRIERON UN RIESGO DE MUERTE FUERON NUESTROS SALVADORES".

Índice

Segunda parte: El engaño electrónico

Tercera parte: La obra de teatro

España
Av. Diagonal, 662-664
08034 Barcelona (España)
Tel. (34) 93 492 80 00
Fax (34) 93 492 85 65
Mail: info@planetaint.com
www.planeta.es

Paseo Recoletos, 4, 3.ª planta
28001 Madrid (España)
Tel. (34) 91 423 03 00
Fax (34) 91 423 03 25
Mail: info@planetaint.com
www.planeta.es

Argentina
Av. Independencia, 1668
C1100 Buenos Aires
(Argentina)
Tel. (5411) 4124 91 00
Fax (5411) 4124 91 90
Mail: info@eplaneta.com.ar
www.editorialplaneta.com.ar

Brasil
Av. Francisco Matarazzo,
1500, 3.° andar, Conj. 32
Edificio New York
05001-100 São Paulo (Brasil)
Tel. (5511) 3087 88 88
Fax (5511) 3087 88 90
Mail: ventas@editoraplaneta.com.br
www.editoriaplaneta.com.br

Chile
Av. 11 de Septiembre, 2353, piso 16
Torre San Ramón, Providencia
Santiago (Chile)
Tel. Gerencia (562) 652 29 43
Fax (562) 652 29 12
www.planeta.cl

Colombia
Calle 73, 7-60, pisos 7 al 11
Bogotá, D.C. (Colombia)
Tel. (571) 607 99 97
Fax (571) 607 99 76
Mail: info@planeta.com.co
www.editorialplaneta.com.co

Ecuador
Whymper, N27-166,
y Francisco de Orellana
Quito (Ecuador)
Tel. (5932) 290 89 99
Fax (5932) 250 72 34
Mail: planeta@access.net.ec

México
Masaryk 111, piso 2.°
Colonia Chapultepec Morales
Delegación Miguel Hidalgo 11560
México, D.F. (México)
Tel. (52) 55 3000 62 00
Fax (52) 55 5002 91 54
Mail: info@planeta.com.mx
www.editorialplaneta.com.mx
www.planeta.com.mx

Perú
Av. Santa Cruz, 244
San Isidro, Lima (Perú)
Tel. (511) 440 98 98
Fax (511) 422 46 50
Mail: rrosales@eplaneta.com.pe

Portugal
Planeta Manuscrito
Rua do Loreto, 16-1.° Frte.
1200-242 Lisboa (Portugal)
Tel. (351) 21 370 43061
Fax (351) 21 370 43061

Uruguay
Cuareim, 1647
11100 Montevideo (Uruguay)
Tel. (5982) 901 40 26
Fax (5982) 902 25 50
Mail: info@planeta.com.uy
www.editorialplaneta.com.uy

Venezuela
Final Av. Libertador con calle Alameda,
Edificio Exa, piso 3.°, of. 301
El Rosal Chacao, Caracas (Venezuela)
Tel. (58212) 952 35 33
Fax (58212) 953 05 29
Mail: info@planeta.com.ve
www.editorialplaneta.com.ve

Grupo Planeta   Planeta es un sello editorial del Grupo Planeta   www.planeta.es